Annelie Tacke

Eremitin im Himalaya

HERDER spektrum
Band 5226

Das Buch

Auf der Suche nach der Deutschen Rose Schmitt alias Uma Shankarananda Giri, die über Jahrzehnte in einer Höhle im Himalaya lebte, macht sich die Ethnologiestudentin Annelie Tacke auf den Weg nach Nordindien. Dort findet sie Eingang in eine dem westlichen Reisenden eher fremd erscheinende Welt. Es ist die Welt der indischen Weisen und Asketen, der Yogis und Mystiker, der Scharlatane und Bettler. Bei ihren Nachforschungen begegnet sie einer weiteren Frau, die ein Dasein als Bettelmönch gewählt hat: der Berlinerin Meike Blischke *alias* Yamuna Giri. Beide Frauen haben es in der indischen Gesellschaft zu Ansehen gebracht, erleben jedoch auch immer wieder Anfeindungen. Annelie Tacke erzählt die bewegenden Lebensgeschichten zweier Frauen, die der spirituellen Suche den Vorrang vor ihrer persönlichen Absicherung gaben und sich durch nichts davon abbringen ließen – auch nicht durch die Regeln einer von Männern dominierten Gesellschaft.

Tief berührt von dem Mut und der Liebe der beiden Frauen macht sich die Autorin schließlich selber auf den Weg zur Quelle – und nimmt die Leser dabei Schritt für Schritt mit.

Die Autorin

Annelie Tacke, Studium der Ethnologie, Politik und Geographie, lebt in Berlin. Langjährige Beschäftigung mit Indien, mehrere Indienreisen.

Annelie Tacke

Eremitin im Himalaya

Die Geschichte der Rose Schmitt
alias Uma Shankarananda

FREIBURG · BASEL · WIEN

Für Maria

Gedruckt auf umweltfreundlichem,
chlorfrei gebleichtem Papier

2. Auflage

Originalausgabe

Alle Rechte vorbehalten – Printed in Germany
© Verlag Herder Freiburg im Breisgau 2003
www.herder.de
Satz: Rudolf Kempf, Emmendingen
Herstellung: fgb · freiburger graphische betriebe 2003
www.fgb.de
Umschlaggestaltung und Konzeption:
R·M·E München / Roland Eschlbeck, Liana Tuchel
Umschlagmotiv: Foto von Uma Shankarananda,
© Mathias Tietke
ISBN 3-451-05226-1

*„Das Höchste in der Welt und das Tiefste,
Gott, bist du ... Ich weiß nicht, was du bist.
Aber dies weiß ich: Alles was ist, bist du."*
Firdausi

*„Die Quelle eines wahren Lächelns ist ein
erwachter Geist."*
Thich Nhat Hanh

Inhalt

Danksagung 9

Vorwort 10

Teil I – Rishikesh 12
Ankunft 12
Rishikesh 17
Eine große Überraschung 21
Im Shivananda-Ashram 24
Yamuna 28
Die Höhle 34
Yogi Shankara Das 42
Maa Ganga 45
Auffahrt zu Uma 49
Eine unerwartete Situation 54

Teil II – Die Eremitin 59
Uma 59
Sinn für Humor 60
Aus einer längst vergangenen Zeit 62
„An understanding heart" 66
Die Heilerin 68
„Die wilden Tiere waren meine Beschützer!" 71
„Die Welt ist schön allüberall..." 74
Eins-Werden 77
„Der *Atman* ist ohne dieses" 81

Teil III – Eine unglaubliche Lebensgeschichte 85
Eine schwierige Kindheit 85
„Hier komme ich nicht weiter!" 89
Ein lebensverändernder Schritt 95
„Das war die Hölle!" 108
Die *Sannyasini* 113
Gegensätzliche Erfahrungen und Erlebnisse 120
Menschliche Abgründe 141
Auf der Suche 146
„Nachts fangen die Steine zu leben an" 148
Angst 157
Angekommen? 160
Grenzgänge 164
Anhänger und Verehrer 166
Die wilden Sechziger 168
„Musik, Kreativität!" 172
Aufbruch zu neuen Ufern 177

Teil IV – Auf dem Weg 182
Eine wunderbare Idee 182
Chandra-Raga 186
An der Quelle 188

Danksagung

Ich danke

Uma Shankarananda für ihr Vertrauen und die kostbare Zeit, die sie mir schenkte
Yamuna Giri für die wunderbaren Stunden und ihr Lächeln
Mathias Tietke für seine selbstlose Unterstützung von der Idee bis zur Verwirklichung dieses Buches
Meinem Lektor Lukas Trabert für seine Offenheit und sein Vertrauen
Meinen Eltern für ihre Liebe und Unterstützung
Pia Liedel und Georg Schmitt für ihre Freundschaft und die gute Zusammenarbeit
Meinen Mitbewohnerinnen Annika und Charlotte für ihre Geduld und liebevolle Unterstützung.

Bedanken möchte ich mich auch bei
*Familie Blischke, Cornelia Kaufmann, Winfriede Kerler, Ehepaar Curtius, Katrin Hessing, Ganga Tiwari, Yogi Shankara Das, Mauni Baba, Swami Hamsananda und all den Menschen, die mir in Indien zur Seite standen und mir das Gefühl gaben, zu Hause zu sein,
sowie meinen FreundInnen in aller Welt*
für ihre Liebe, ihr Interesse und ihre Ermutigungen und zu guter Letzt den vielen namentlich nicht Aufgeführten, die in irgendeiner Weise zur Verwirklichung dieses Buches beigetragen haben.

Vorwort

Alles begann mit einem Zeitungsinterview, das mir im Winter des Jahres 1999 in die Hand fiel. Es handelte sich dabei um das Gespräch eines Berliner Autoren – Mathias Tietke – mit einer Deutschen, die seit vierzig Jahren als Eremitin im indischen Himalaya lebte. Geboren wurde sie 1936 als Rosa Schmitt in Höchberg, einem kleinen Dorf in Unterfranken bei Würzburg. Mit neunzehn Jahren arbeitete sie bereits als gefragte Bildhauerin in der Porzellanmanufaktur Rosenthal in Selb, ließ jedoch bald ihre begonnene Karriere hinter sich und ging nach Indien, „um endlich die Wahrheit herauszufinden". Zunächst hatte sie, so ging aus dem Interview hervor, sieben Jahre in dem Ashram des bis heute berühmten, jedoch bereits 1964 verstorbenen Swami Shivananda gelebt, der ihr den Namen Uma Shankarananda gab. Nach dessen Tod war sie in eine Höhle oberhalb von Rishikesh, dem „Ort der Weisen und Asketen", gezogen. Fünfundzwanzig Jahre lang hatte sie dort gelebt, auf der Suche nach dem Höchsten, was ein Mensch zu erkennen vermag. Sechs Jahre lang legte sie sich nicht mehr hin, versenkte sich in „die Stille des Waldes, die Ruhe des Gesteins". Im Jahre 1990 war die Eremitin plötzlich verschwunden. Es waren mehrere Gerüchte über ihren Verbleib im Umlauf: Manche sagten, sie habe einen Einheimischen geheiratet. Andere glaubten zu wissen, sie sei längst nach Deutschland zurückgekehrt, wieder andere behaupteten, sie sei doch wieder in ihrer Höhle zu finden.

1998 gelang es Mathias, ihren Aufenthaltsort ausfindig zu machen. Die Zweiundsechzigjährige lebte zurückgezogen auf einem kleinen Grundstück oberhalb des Ortes Purola-Merana, nordwestlich von Uttarkashi. Er besuchte sie, blieb einige

Tage bei ihr und verfasste Artikel über sie, die in mehreren deutsch- und englischsprachigen Zeitungen erschienen.

Das Interview mit der alten Frau berührte mich tief und warf Dutzende von Fragen in mir auf. Als ich an jenem Winterabend den Artikel las, wusste ich sofort: Wenn es Uma Shankarananda recht sein sollte, würde ich alles daran setzen, sie zu besuchen. Ich erkundigte mich bei der Zeitungsredaktion nach der Telefonnummer des Autors. Zwei Stunden später hatte ich die Wegbeschreibung zu der Eremitin in der Hand. Mathias empfahl mir zudem zwei interessante, aber leider vergriffene Bücher, *Paradies Rishikesh* und *Der Yogareport* von Ernst Stürmer, die ich in der Bibliothek fand und in denen einige Seiten über die Eremitin standen. Uma Shankarananda erhielt bald darauf einen Brief von mir, in dem ich mich vorstellte und sie fragte, ob ich sie besuchen dürfe. Nach ungefähr einem Monat fand ich ein Aerogramm in meinem Briefkasten: Ich sei herzlich willkommen, und sie freue sich auf meinen Besuch. Im August 2001 war es dann soweit. Ich hatte Zeit und Geld für eine längere Indienreise und machte mich auf den Weg.

Teil I – Rishikesh

Ankunft

Früher Morgen in Bombay. Draußen war es dunkel und neblig, der Monsun war noch nicht vorüber. Erst kurz bevor wir auf der holprigen Landepiste aufsetzten, konnte ich deren Begrenzungslichter erkennen. Wir betraten die Gangway, und ich nahm ihn sofort wahr: diesen fremdartigen Geruch, der sich mir seit meinem ersten Indienaufenthalt in die Sinne eingeschrieben hatte, wie kein anderer Geruch es je getan hatte, und der mir jedes Mal, wenn ich in dem Land ankam, ein beklommenes Gefühl in der Magengegend verursachte. In ihm mischten sich der Duft von Gewürzen und blühender Vegetation mit den Exkrementen und den Abgasen der Stadt. Diese *Indian Mixture* machte mir erst bewusst, dass es bei uns in Deutschland nicht „riecht" – höchstens einmal nach Frühling, nach Regen oder nach Abgasen, aber immer nur kurz und nie überall.

In der Ankunftshalle schlug mir bereits die Hitze entgegen. Ich hatte großen Durst. Vor mir übergab sich eine andere Deutsche, die dem feucht-heißen Klima offenbar nicht gewachsen war. Auch mir wurde komisch zumute. Die Einreiseformalien dauerten – der indischen Bürokratie entsprechend – lange und spannten meine Nerven auf eine harte Probe. Als ich aus dem Flughafengebäude trat, schien mir die Morgensonne golden ins Gesicht. Außerhalb der schützenden Mauern des klimatisierten Gebäudes musste der Neuankömmling erst einmal alle Vorstellungen eines mystischen Indiens zur Seite schieben. Der Lärm tausender Fahrzeuge dröhnte in meinen Ohren. Ich bestellte am *Prepaid Taxi Stand* ein

Taxi und schaute mich nach den zugehörigen Fahrern um. Sofort wurde ich bestürmt: *„Taxi, madam, taxi!"*, *„You want nice hotel?"* Freundlich aber bestimmt lehnte ich ab und stieg in eines der vorbezahlten Fahrzeuge.

Mit der Hand auf der Hupe schlängelte sich der Fahrer durch den Verkehr. Verkehrsregeln schien es nicht zu geben: Derjenige mit der größten Dreistigkeit kam am ehesten ans Ziel. Der Fahrer überholte mal rechts, mal links und drängte einen Linienbus ab, der aussah wie eine zusammengestauchte Blechbüchse. Der Bus war so überfüllt, dass er auf der einen Seite fast bis auf die Straße hing. Um ein Haar hätten wir eine Kuh umgefahren, die – genüsslich einen Pappkarton verzehrend – mitten auf der Fahrbahn stand. Überall bahnten sich wohlgenährte Männer auf Motorrollern ihren Weg durch den Verkehr, von Zeit zu Zeit schaute auch ein Zopf unter einem Helm hervor. Manchmal verschwand unser Taxi voll und ganz in den schwarzen Abgaswolken, so dass der Fahrer die Geschwindigkeit für kurze Zeit drastisch verringern musste. Rikshas bewegten sich trötend und mit knatterndem Auspuff durch das Gedränge. Ich bat den Fahrer, mich gleich zur *Dadar Station* zu bringen, einem etwas außerhalb des Zentrums gelegenen Bahnhof, von wo aus viele Züge zu weiter entfernt liegenden Zielen starteten. Ich wollte einen Nachtzug nach Delhi nehmen, dann einen Bus nach Rishikesh, eine Tagesreise nördlich von Delhi, um von dort zu der Eremitin aufzubrechen.

Dort, in den Wäldern am Oberlauf der Ganga – im Deutschen Ganges genannt –, sollen die *Rishis* gelebt haben, jene Weisen, die sich – wie die heutigen Walderemiten – zur Versenkung in die Einsamkeit der Natur zurückzogen. Sie ernährten sich von Wurzeln und Beeren und gliederten sich vollkommen in die Kreisläufe der Natur ein. Es heißt, aus dem täglichen Erlebnis der Verbundenheit allen Lebens und Geschehens entwickelten sie ihre Einheitslehre, ein Kerngedanke der Hinduphilosophie, der die Vielheit der Welt sieht, hinter ihr jedoch die Einheit aller Dinge erkennt. Sie sollen die

Upanishaden geschaffen haben, jene Schriften, welche Ost wie West seit Jahrtausenden in hohem Maße faszinieren.

Noch heute gilt Rishikesh als Stadt der Weisen und der Ashrams und als internationale Yogahochburg. Pilger aus aller Welt kommen hierher, um sich in die Welt der indischen Philosophie zu vertiefen, aber auch, um von hier aus zu Trekking-Touren oder zum Wildwasserrafting aufzubrechen. Rishikesh ist einer jener Orte in Indien, in denen sich so viele Leute aus dem Westen aufhalten, dass sich sogar die Restaurants auf deren Bedürfnisse umgestellt haben: Es gibt eine Pizzeria, eine *German Bakery* und auch auf den meisten Speisekarten der indischen Restaurants wird *Continental Food* angeboten. Die Buchhandlungen verkaufen Paulo Coelhos *Alchimisten*, James Redfields *Prophezeiungen von Celestine* sowie Werke des Dalai Lamas und Thich Nhat Hanhs. Obwohl Rishikesh auf eine lange Geschichte spiritueller Tradition zurückblicken kann, bezeichnen einige Leute den Ort aufgrund seiner zahlreichen Kurse spiritueller Ausrichtung bereits als „Jahrmarkt der Erleuchtung".

Aber noch befand ich mich in Bombay. Immer weiter gerieten wir in die Millionenmetropole. Am Straßenrand Menschen, Menschen, Menschen! Manche boten auf einer kleinen Decke oder hinter einem brüchigen Holztresen ihre Waren feil: Bananen, Blumenketten, Süßigkeiten, Zigaretten, Getränke, billigen Schmuck und Seife. Vor allem Frauen waren unterwegs, mit Wasserkrügen oder Feuerholz, ein Kind auf der Hüfte, ein anderes an der Hand. Die meisten Männer saßen diskutierend in Grüppchen unter den Bäumen und Vordächern oder gingen einem Handwerk nach. Nackt und mit wirrem Haar kauerten Bettelkinder am Straßenrand oder liefen zwischen den stehen gebliebenen Autos umher, um den Fahrern ein paar Rupies abzubetteln. Ihr Zuhause war eine Strohmatte am Straßenrand, auf der die ganz Kleinen und die Älteren, Schwachen der Familie lagen. Ich kannte diese Bilder der Armut bereits, hatte in Indien aber auch schon Wunderbares gesehen und erlebt. Bei meiner ersten Reise hatte ich mich zunächst gegen das gewehrt, was das Land in mir anrührte, hatte verdrängt, ausgeblendet und versucht zu rationalisieren. Aber ich gehörte nicht zu jenen, die das Land mit dem sicheren Wissen verließen, nie wieder zurückzukehren. Immer wieder sehnte ich mich zurück nach diesem Flecken Erde, der mich so viele Tränen der Wut und der Erschöpfung gekostet hatte, ohne wirklich zu wissen, warum. Fest stand, dass ich mich hier plötzlich wieder lebendig fühlte, alles um mich herum sehr klar wahrnahm und dass mich ein tiefes Glücksgefühl durchströmte, wenn ich durch die Straßen zog.

Am Bahnhof angekommen, ergatterte ich gerade noch rechtzeitig ein Zugticket und verbrachte die Zeit bis zum Abend in einer riesigen Wartehalle. Vor der Halle schliefen ganze Familien ineinander verschlungen auf schmutzigen Decken. Ihre entspannten Gesichter sprachen von einer Reise in eine andere Welt. Wie konnten sie hier inmitten des Lärms und des Drecks schlafen?

Am nächsten Morgen kam ich in Delhi an. Dort verbrachte ich eine Nacht. Ein Angestellter des Hotels brachte mich zu der Stelle, an der mein Bus nach Rishikesh abfahren sollte. Ich war froh darüber – hätte die Stelle im Gewirr der Straßen und Gassen nie gefunden. Der Schaffner, der für den Verkauf und die Kontrolle der Fahrscheine zuständig war, führte eine junge Irin, Maire, zu dem Platz neben mir – dies sei besser. Ich wusste nur allzu gut, was er meinte: besser als stundenlanges Abwehren männlicher Blicke und Finger, die sich auf meine Seite tasteten.

Die Stadt Delhi schien sich ewig auszudehnen. Jahr für Jahr strömen Millionen Menschen in der Hoffnung auf Arbeit in die Metropolen des Landes – Bombay, Delhi, Madras, Kalkutta. Angekommen in den überfüllten Städten, werden sie schnell mit der Realität konfrontiert. Nur die wenigsten finden eine Arbeitsstelle. Sie beginnen ganz unten: als Schuhputzer, Teeverkäufer oder mit sonst irgendeiner Tätigkeit im staatlich nicht registrierten Sektor. Es ist nicht abzustreiten, dass die Stadt einen gewissen Vorteil bietet: Hier hat jeder zumindest die Chance, vom Tellerwäscher zum Millionär aufzusteigen – bringt er nur innovative, gewinnbringende Ideen und ein gutes Überzeugungsvermögen mit. Das heißt jedoch noch lange nicht, dass die Kasten keine Rolle mehr spielen.

Wir durchquerten eine Gegend, in der lauter Versandhäuser lagen. Mitten im wortwörtlich atemberaubenden Verkehrschaos wurden Waren angeliefert oder zur Abfuhr verladen. Die Lastenträger schufteten sich schier zu Tode. Ich sah meterhoch mit Säcken beladenen Karren, die meistens nur von zwei Männern, manchmal auch Jungen, gezogen oder geschoben wurden. Ihre Bewegungen waren ruckartig, die Gesichter verzerrt. Die meisten von ihnen hatten eine dunkle Hautfarbe. Sie waren dem Verkehr um sich herum schutzlos ausgeliefert. Plötzlich kam ein Mercedes aus einer Seitenstraße geschossen und kam einem der Jungen gefährlich nahe. Lautes Gehupe, vom Bremsen aufgewirbelter Staub, ärgerliche Rufe, Benzingeruch, Schweiß ... Höllenassoziationen ... Beschämung über die eigene Privilegiertheit ...

Erleichtert atmete ich auf, als wir die Innenstadtbereiche hinter uns ließen und die Vorortbezirke erreichten.

Überall Werbung von Nestle, Nike, Coca Cola sowie diversen westlichen Automarken – Bilder, die angesichts der grassierenden Armut grotesk erschienen und die bestehenden Gegensätze besonders augenscheinlich hervorhoben. Indien hatte sich einem neoliberalen Weltmarkt geöffnet, was die Ungleichheiten zwischen Arm und Reich noch verschärfte. Auf dem *National Highway 54* ging es nordwärts. Maire und ich unterhielten uns die ganze Zeit. So verging die Fahrt schneller, und je näher wir Haridwar kamen, desto üppiger wurde die Vegetation. Ich fühlte mich wie berauscht von den Düften, die durch das Fenster hineinwehten. Eine Stunde später, gegen fünf Uhr morgens, erreichten wir den Busstand von Rishikesh.

Rishikesh

Über der Ganga hingen Nebelschwaden, und am gegenüberliegenden Ufer zeichneten sich die steil aufsteigenden Vorberge des Himalaya gegen den hellblauen Morgenhimmel ab. Vereinzelt blinkten noch Sterne über den Baumkronen. In diesen Wäldern musste Umas ehemalige Höhle liegen.

Ganga. Ein Fluss, als Mutter verehrt. Hunderte von Legenden ranken sich um den heiligen Strom, doch einig war man sich, dass die Ganga, Tochter des Schneekönigs Himavat und Schwester der Göttin Uma, einst im Himmel floss. Die Menschen flehten die Göttin an, auf die Erde zu kommen, denn dort herrschte große Not. Irgendwann gelang es dem sagenhaften königlichen Rishi Bhagirath, die Ganga durch strengste Askese zum Abstieg zu zwingen. Ganga ließ sich mit aller Schwere fallen und hätte die Erde vernichtet, wäre nicht Shiva gewesen, der den gewaltigen Wasserfall mit seinen langen Haaren auffing. Nur einen Tropfen ließ der Schöpfer und Zerstörer auf die Erde herniederrinnen. Anhänger des Gottes Vishnu sind hingegen der Überzeugung, Ganga entspringe aus der rechten großen Zehe Vishnus bzw. als „heiliger Schweiß" von dessen Fuß.

Von seinem Ursprungsort im Himalaya ergießt sich der heilige Fluss über Rishikesh und Haridwar in die Ebene. In der Stadt Allahabad vereinigt er sich mit einem anderen Fluss, der Yamuna. Man spricht auch von einem dritten Fluss, der an dieser Stelle mit den beiden anderen zusammenfließt, der mythischen Sarasvati, von der es heißt, sie fließe unterhalb ihres ausgetrockneten Flussbettes. Irgendwann erreicht die Ganga Varanasi – auch *Kashi,* „Stadt des Lichtes", genannt. Wer hier stirbt, heißt es, entgeht *Samsara,* dem Rad der Wiedergeburt.

Schon Jahrtausende zuvor wurde Mutter Ganga als lebensspendend verehrt. Nicht ohne Grund: Der Fluss bewässert ein Viertel Indiens. Bevor er sich in den Golf von Bengalen ergießt, verzweigt er sich in ein vielfingriges Delta, das bis weit nach Bangladesh hineinreicht. In dieser einsamen, von einer bunten Tierwelt bewohnten Schwemmebene ändern die gurgelnden Gewässer immer wieder ihren Lauf, reißen Sandbänke mit sich und werfen neue auf. Noch fünfhundert Kilometer vor der Küste färbt der Strom das Wasser braun. Dort verdampfen riesige Massen des Wassers, um sich erneut in den Kreislauf des Lebens einzuschließen.

Der Busstand erstreckte sich über eine weite Geröllfläche am Rande des großen Flusses. Eine Ansammlung slumähnlicher Hütten säumten das Gelände. Verschlafene Gesichter beugten sich über dampfende Teekessel, umspielt vom Schein herabhängender Petroleumlampen. Streunende Hunde durchwühlten im Matsch versunkene Abfälle – geschundene Kreaturen voll Ungeziefer und Krankheiten. Tal, eine Israelin, sprach uns an: „In welches Guesthouse wollt ihr gehen? Habt ihr schon Pläne?" Wir verneinten. Ich wusste nur, dass ich dieses Mal in Laxman Jhoola, einem etwas gangaaufwärts gelegenen Ortsteil bleiben wollte. Ich liebte die Atmosphäre dort, liebte die von Affen umturnte Laxman-Hängebrücke, die die eine Ortsteilhälfte mit der anderen verbindet. Maire hatte auch keine Pläne. So schlug uns Tal vor, mit ins Bombay Guesthouse zu kommen, das wir nicht kannten. Wir stimmten zu. Zu dritt nahmen wir eine Riksha.

Als wir in Laxman Jhoola ankamen, war die Sonne bereits aufgegangen. Vom Rikshastand führten enge Gassen hinunter zur Ganga. In kleinen Baracken boten Händler zu beiden Seiten feil, was das Pilgerherz begehrte: Gebetsketten, Muschelhörner, mit *Mantras* – heiligen Gebetsformeln – bedruckte Schals, Räucherstäbchen, Sandelholzschnitzerei. Auf den Stufen vor den Läden saßen Bettler und hielten ihre Schale vorbeiziehenden Passanten entgegen: „*Hari Om, Hari Om!*" Die meisten von ihnen waren in jene orangefarbene Robe geschlungen, die darauf schließen ließ, dass sie als Bettelmönche unterwegs waren. Diese Bettelmönche nennt man *Sadhus*. „Sadhu" heißt allgemein „tugendhafter Mensch", „Weiser", „Heiliger" oder „einer, der die Lebensweise eines Mönches gewählt hat". Von Tal erfuhr ich, dass Armut, Verlust der Arbeit, sozialer Abstieg oder ein persönlicher Schicksalsschlag viele Sadhus dazu gebracht hatte, das Pilgergewand anzulegen. Als pilgernder Bettelmönch werde ihnen in der Gesellschaft ein neuer Status zuteil, da man diese Männer als heilbringend ansehe. Ihnen zu geben, bringe einem selber der Erlösung näher – idealerweise versteht sich. Man dürfe in Rishikesh nicht unbedingt jedem Sadhu sein Vertrauen schenken: Es sei im Laufe der Jahrzehnte einige Male zu Überfällen und sogar Ermordungen von Travellern gekommen.

Wir gelangten auf eine etwas breitere Straße. Trotz der frühen Stunde war hier bereits viel los. Zwei Musikhändler versuchten einander zu übertönen. Der eine spielte das jahrtausendealte *Gayatri-Mantra*, der andere einen brandneuen Song aus einem Hindi-Film. Aus Restaurants leuchteten uns stapelweise goldbraun gebackene *Samosas* entgegen – frittierte, mit Gemüse gefüllte Teigtäschchen. Der Strom schien ausgefallen zu sein, denn von überall her klang das Hämmern der Generatoren. Händler schoben Holzkarren mit frisch geschälten Gurken, leuchtendroten Tomaten, Ingwer und vielerlei anderem Gemüse vor sich her. Endlich die Brücke. Hundertvierzig Meter über die tosende, schlammbraune Ganga. Neben ihrem behäbigen Rauschen erschien das Kreischen der Affen schrill und herausfordernd.

Pilgerströme zogen über die leicht schwankende Brücke. Besonders an den Saris der Frauen, alle in anderen Farben und unterschiedlich gewickelt, erkannte man, dass die Menschen aus allen Teilen des Landes nach Rishikesh kamen. Es wurden die unterschiedlichsten Sprachen gesprochen, gelacht und diskutiert. Viele Frauen hatten das Ende ihres Saris um den Kopf geschlungen, einige Männer ein langes Tuch. Sie mochten aus Rajasthan stammen, dem Land der *Rajputen*, eines alten Kriegerstammes. Es wirkte komisch, sie neben einer Gruppe wohlgenährter Großstadtinder mit Poloshirt und Käppi zu sehen.

Am anderen Ende der Brücke lag ein mehrstöckiger, orangeweißer Tempel, von dem tagaus, tagein Glockengeläut herüberklang. Auf jedem Stockwerk befanden sich Rundbögen, in denen eine Glocke hing. Die schlug der Pilger, wenn er sie auf dem Weg in die Spitze des Gebäudes passierte. Kaum hatte man das Ende der Brücke erreicht, wurde man von Postkartenverkäufern belagert, und der Hanuman-Baba, ein als Affengott Hanuman verkleideter Narr, versuchte einem den *Tilak*, das segensreiche Zeichen, auf die Stirn zu malen – um dann natürlich Geld zu verlangen. Fordernd grinsend kam er auf uns zu. Wir wichen aus. Er bestrafte uns mit einem ärgerlichen Schnalzen. Da kam uns ein alter Mann mit dicken Brillengläsern und einen weißem Rauschebart entgegen. *„Namasté, Doktor!"*, begrüßte ihn Tal, die sich riesig zu freuen schien. „Wie geht es ihnen?" *„Namasté, namasté"*, erwiderte der Alte mit freundlichem Lächeln. „Wie es mir geht? Keiner kauft meine Ketten und Armbänder. Harte Zeiten ... – *Eurer* Gesundheit würde eine Kette bestimmt gut tun ..." Tal winkte lachend ab.

„Wer war das?", wollte ich wissen, als wir unseren Weg fortsetzten. *„Der* Doktor", erwiderte sie. „Er arbeitet mit Magneten und verkauft Edelsteinketten, um sich über Wasser zu halten. Er ist ein bisschen verrückt."

Völlig übermüdet kamen wir im Bombay Guesthouse an. Eine Frau mit blonden *Chattas*, also Dreadlocks, kam uns in orangefarbener Robe entgegen und strahlte uns an. „Kann ich euch mit irgendetwas helfen?" „Wir bräuchten alle ein Zimmer", antwortete Tal. „Wartet, ich werde kurz fragen, ob noch etwas frei ist." Leichten Schrittes sprang sie davon. Ich versuchte, ihr Alter zu schätzen. Dreißig? Vierzig? Es war schwer zu sagen. Sie kam zurück. „Ihr habt Glück. Ein Zimmer unten, zwei Zimmer oben sind noch frei."

Nachdem wir uns die Zimmer angesehen und unsere Sachen abgeladen hatten, fiel ich gleich in einen tiefen Schlaf. Nach vierzehn Stunden weckte mich ein dumpfer Schlag. Ein Affe war vor meinem Fenster gelandet und war dabei, sich an meinen Keksen zu bedienen, die ich am Morgen auf die Ablage vor den Gitterstäben gelegt hatte. Im Nu war ich wach.

Ich klatschte laut in die Hände und machte eine Bewegung auf den Affen zu, der mit seiner Beute davonsprang. Erschöpft ließ ich mich auf die Pritsche zurückfallen. Erst jetzt nahm ich den säuerlichen Geruch der Matratze wahr. Mir drehte sich fast der Magen um, und ich beschloss, erst einmal etwas essen zu gehen.

Eine große Überraschung

Im Restaurant gegenüber, dem *Ganga Darshan*, gab es gute indische Küche, nicht zu teuer und nicht zu scharf. Ich setzte mich auf den Balkon direkt über der Ganga und ließ mir den Abendwind ins Gesicht wehen. Da tauchte plötzlich der Doktor auf. Ich grüßte ihn. Lächelnd brummte er ein „*Namaste*" und fragte, ob er sich zu mir setzen dürfe. Wir plauderten zunächst ein wenig, und es stellte sich heraus, dass er bereits sehr lange in Rishikesh lebte. Ich packte die Gelegenheit beim Schopf und fragte ihn, ob er die *German Mataji* kenne. So nannten die Einheimischen Uma, wie ich aus dem Zeitungsartikel entnommen hatte. Ja, die kenne er, erwiderte der Alte. Sie habe lange Zeit in den Wäldern in der Nähe von Haridwar gelebt, aber die Regierung habe sie dort weghaben wollen. Haridwar? Das war mir neu. „Warum, Doktor? Warum wollte man sie dort weghaben?", fragte ich. „Man hielt sie für eine Spionin – mit akademischem Hintergrund", antwortete der Alte. „Eine Spionin?", wunderte ich mich. „Wollte man sie nicht vielleicht weghaben, weil sie eine Frau war?" „Das auch", erwiderte der Doktor. Ich könne ihm glauben. Er sei Sonderberater der UNESCO wie auch der indischen Regierung. Ich wurde skeptisch. Sonderberater der UNESCO? Er schien meinen ungläubigen Gesichtsausdruck zu bemerken, denn er fuhr sogleich fort: Er sei auch autorisierter Sadhu – im Gegensatz zu all den anderen, die nur unterwegs seien, weil sie keinen Job hätten. Eine Schande für Indien seien sie, man solle sie in die Ganga werfen. Und all die Muslime! Furchtbar! Und die Christen! Diese seien dabei, sich in ganz Indien auszubreiten. Shivananda sei das Schlimmste gewesen, was Rishikesh je passieren konnte – er habe christliche Missionarsarbeit betrieben.

Der alte Mann war nicht mehr zu bremsen. Seine Augen funkelten fanatisch und es tropfte aus seinem Bart. Es sei keine Frage von Meinung, sondern Fakt, dass die Hindus beginnen müssten, sich zu wehren – ihre Kultur zu retten! Die Situation war mir unangenehm. Das Gespräch kippte in hindu-fundamentalistische Propaganda, der Mann stand eindeutig hinter den Gedanken der BJP, der derzeit regierenden, äußerst rechts gerichteten Partei. Sie beruft sich auf die *Hindutva*-Ideologie (die auf der „Frage nach dem Hindu-Sein" basiert) und somit auf ein angeblich goldenes Hindu-Zeitalter, das sie durch von außen herantretende Kulturen wie den Islam oder das Christentum bzw. die westliche Welt bedroht sieht.

Ich versuchte dem Gespräch eine Wendung zu geben, indem ich den Mann wieder auf Uma ansprach: Was er von der *Sadhvi* halte? – *Sadhvi* ist die weibliche Form von *Sadhu*, die allerdings nicht von allen benutzt wird. – „Sie ist eine wunderbare *Sadhvi*", schwärmte der Doktor, „und so schön – so wunderschön! Sie hat ein so nettes Lächeln!" Er strahlte mich an. „Das Beste an ihr ist die Kontrolle über ihren Körper. Sie ernährt sich nur von Milch und Früchten. Aber sie raucht. – Alle Sadhus rauchen." Ich war überrascht: „Sie raucht?" Ich konnte mir Uma beim besten Willen nicht im Rauschzustand vorstellen. Auf allen Fotos, die ich bisher von ihr gesehen hatte, hatte sie vollkommen klar gewirkt. „Du kannst dich selber davon überzeugen", erwiderte der Alte, „sie ist im Moment im Bombay Guesthouse." „Im Bombay Guesthouse?", fragte ich, nun völlig verwirrt. „Ich dachte, sie lebt gar nicht mehr in Rishikesh!" Ich konnte mir beim besten Willen nicht vorstellen, dass das, was der Mann über Uma erzählte, stimmte. Dennoch war ich unruhig geworden und wollte der Sache nachgehen. Ich stand auf und verabschiedete mich.

Zurück im Hotel hastete ich die Treppe hoch auf die Veranda. Auf der Holzpritsche neben meiner Zimmertür saß unbeweglich und kerzengerade eine unter einem Tuch versteckte Gestalt in Meditationshaltung. Ab und zu hob und senkte sich ihr Brustkorb. Sie schien kaum Sauerstoff zu benötigen. An einer Schnur wehten frisch gewaschene Sannyasgewänder im Wind. Da hing auch ein Stofffetzen mit der Aufschrift:

<u>*Nichts gehört dir!*</u>
Es ist alles wie ein leichter Wind
Halte deinen Geist so frei wie diesen
Indem du nichts und niemandem anhaftest
Dies ist der Schlüssel zum Glück
Erfreue dich am Garten; aber hafte an nichts
Papaji

Ich wartete eine Weile, beschloss aber, die Gestalt alleine zu lassen, als sich nichts tat – wusste ich doch nicht, wie lange sie noch so dasitzen würde.

In der Nacht stand ich lange auf dem Dach des Guesthouses. Es hatte geregnet und die Luft war klar. Als ich eintauchte in die Sanftheit der nebelumhüllten Stille – nur dastand und das Fallen der Tropfen und das Zirpen der Grillen hörte, wurde mir ganz seltsam zumute. Den Blick in die dämmrige Nacht gerichtet, wanderte ich hin und her, dann fiel mein Blick auf den Mond. Milchig weiß lag er hinter den Wolken, die rasch dahinzogen. Nur manchmal gaben sie die helle Scheibe ganz frei. Die über der Ganga liegenden Nebelschwaden begannen mit einem Mal wie von innen zu leuchten. Und da war sie wieder: Diese unbeschreibliche Sehnsucht – diese innere Unruhe zu suchen, weiterzusuchen ...

Im Shivananda-Ashram

Am nächsten Morgen stand ich schon sehr früh auf, da ich nach Ram Jhoola zum Shivananda-Ashram wollte, in dem Uma die ersten sieben Jahre in Indien verbracht hatte. Ich war neugierig, den Ashram zu sehen. Auch hatte mir Mathias, durch den ich von Uma erfahren hatte, erzählt, es gäbe dort zwei Statuen, die Uma einmal modelliert habe.

Eine schmale Straße, auf der einige Jeeps verkehrten, verband Laxman Jhoola mit Ram Jhoola. Das Licht der aufgehenden Sonne verwandelte den Staub, den sie aufwirbelten, in Goldpartikel. Rechts und links vom Weg stieg Nebel auf. Links lagen die verwilderten Gärten des Swarg Ashrams, in denen früher, wie mir erzählt worden war, Einsiedler in kleinen Hütten gelebt hatten. Ich blieb stehen und schaute hinein in das dichte Grün.

Als Ashram wurde bereits vor einigen Jahrtausenden eine Einsiedelei bezeichnet, in die sich Männer am Ende ihres Lebens zurückzogen. Nach ihrer Entfaltung im gesellschaftlichen Leben hatten sie Frau, Kinder und irdischen Besitz hinter sich gelassen, um als *Sannyasis*, als Entsager, ihre letzten Jahre der Suche nach dem Göttlichen zu widmen. Die Einsiedelei konnte eine oder mehrere Hütten umfassen. Zu klosterähnlichen Einrichtungen spiritueller Weisheitssuche, wie man sie heute kennt, wurden die Ashrams erst um 1900. Mittlerweile gehören zu den großen Ashrams Schulen, Essensausgaben, Krankenhäuser.

Jetzt am frühen Morgen waren schon zahlreiche Sadhus unterwegs. Ein orangefarbenes Tuch um Lenden und Schulter sowie *Rudrakshas* – Ketten von Baumsamen, die an die Tränen Shivas erinnern und als schutz- und glücksbringend gelten – um den Hals gewickelt, zogen sie über Jahre unermüdlich durch die sengende Sonne die verstaubten Straßen entlang. Sie blieben niemals lange an einem Ort, um keine festen Bindungen aufkommen zu lassen, die sie daran hindern würden, ihr weltliches Dasein zu überwinden. Viele hatten es in ihrem Leben zu hoher Bildung und beträchtlichem Reichtum gebracht, jenes bürgerliche Leben jedoch mit dem des Wanderasketen getauscht. Ich hatte erfahren, dass einige mit ihrer Entscheidung auch ein Gelübde einlösten. Die Sadhus pilgerten von heiligem Ort zu heiligem Ort, manchmal auch mit Bus oder Bahn, die sie kostenlos benutzen durften, meistens jedoch zu Fuß. Ein Sadhu, dürr wie ein Stock und von Kopf bis Fuß mit Asche bestrichen, war sogar mit dem Motorrad unterwegs. An seinem *Trishul*, dem Dreizack Shivas befestigt, wehten bunte Flittergirlanden hinter ihm her. Viele der Sadhus, die ich sah, waren bereits alt, und die Anstrengung war ihnen aus den faltigen, staubigen Gesichtern abzulesen. Finster blickten sie auf die Straße vor sich. Ihre langen, filzigen Haare und buschigen Bärte waren ergraut. Die meisten von ihnen hatten in der einen Hand einen Dreizack oder Wanderstock, in der anderen einen Messingtopf mit der einzigen Mahlzeit für den Tag. Auf dem Rücken trugen sie das kleine Bündel ihrer wenigen Habseligkeiten. Manchmal glaubte ich auch, hinter einem langen Bart ein westliches Gesicht zu erkennen, war mir aber nicht sicher, ob ich mich nicht täuschte.

Eigentlich – so hatte mir Tal noch am Vortag erzählt – verlange die Tradition, sich erst am Ende des Lebens für ein Dasein als Wanderasket zu entscheiden. Idealerweise durchlaufe ein männlicher Angehöriger der oberen drei Kasten vier Lebensstadien, von denen jedes ungefähr zwanzig Jahre dauern solle: Als *Brahmacarin* beginne er mit dem Vedastudium bei einem Lehrer seiner Wahl, als *Grihastha* – „Hausvater" – lebe er das Leben eines Familienvaters und komme damit seinen gesellschaftlichen Pflichten nach. Seien seine Kinder erwachsen, ziehe er sich als *Vanaprashta* langsam zurück, um sich auf ein Leben als *Sannyasi* vorzubereiten. In jenem letzten Lebensstadium verlasse er Frau und Kinder, entsage jeglichem irdischen Besitz und mache sich auf, um *Moksha*, Erlösung, zu erlangen. Was das für die Frau bedeute, die sich nicht einfach so aufmachen könne, frage niemand.

Nach einem fünfundvierzigminütigen Fußmarsch kam ich im Shivananda-Ashram an. Er war seriöser als jeder andere Ashram, den ich bisher gesehen hatte, wirkte auf mich allerdings auch ein wenig bedrückend: Ich sah nicht viele Ashramiten. Die, die ich sah, gingen schweigend und ohne ein Geräusch zu machen. Swami Hamsananda, ein alter Mönch mit freundlich blitzenden Augen, konnte sich an Uma erinnern. Auf meine Frage, ob sie im Ashram akzeptiert worden sei, antwortete er: „Was Swami Shivananda betrifft: Er hat sie wirklich unterstützt, respektiert, gefördert – genau wie er andere Frauen respektierte und unterstützte. Im Ashram lebte eine Frau aus Kanada, die sich sehr für Tanz interessierte – *Swami Radha*. *Swamiji* (das hieß so viel wie ‚der verehrte Swami') hat sie selber nach Dehra Dun geschickt, damit sie Tanzstunden nehmen konnte. Ebenso hat er Uma Shankarananda inspiriert. Sie war sehr glücklich, solange er lebte."
„Wie kam es, dass er sie als westliche Frau so einfach in dem Ashram aufnahm?" „Swami Shivananda akzeptierte alle Religionen", antwortete Hamsananda. „Er sagte: ‚Die Religionen sind eins. Die Liebe der gesamten Menschheit ist *die* Religion. Gott ist der Eine, Er wird nur mit unterschiedlichen Namen benannt. In Hindi sagen wir *panni*, in Italien sagen sie *aqua*, in Deutschland *Wasser* und in Tamil Nadu *tannir*'. So wird auch in der Religion dasselbe mit unterschiedlichen Namen bezeichnet. Aber Gott ist der Eine."

Wieder einmal merkte ich, wie sehr es mir selbst missfiel, von „Gott" zu sprechen. Einen derart einfachen Begriff für eine so unermessliche, unbeschreibliche Kraft zu benutzen, die eigentlich nur erlebbar ist, erschien mir seltsam. Und wie bereits so oft, wurde ich mir der Unzulänglichkeit der Worte bewusst.

Aus der Bhajan Hall, dem Gebetssaal, klang der Gesang von Mantren. Beim Eintreten sah ich eine alte Frau beim Rezitieren der heiligen Verse. Die Wände des Saals waren mit den Bildern wichtiger spiritueller Lehrer behängt, so auch Gandhi und Jesus neben Sri Aurobindo und Paramahansa

Yogananda, fand ich die beiden Statuen – die Weisheitsgöttin Sarasvati und die göttliche Zerstörerin Durga. Sie waren beide ungefähr drei Meter hoch und zeugten von der künstlerischen Begabung der Bildhauerin, waren allerdings mit einer häßlichen Lackfarbe überzogen.

Eine Weile blieb ich im Gebetssaal sitzen, dann schlenderte ich in Richtung der Bibliothek des Ashrams, in der mehr als zehntausend Bücher über Philosophie, Religion, indische Kultur, Yoga und Vedanta standen. Hier stieß ich auf folgende Information über Shivananda: Der Arzt Dr. Kuppuswami Iyer, später Shivananda genannt, wurde 1887 in dem südindischen Bundesstaat Tamil Nadu geboren. Er war Schüler in einer Jesuitenschule, wo er die Bibel und die christlichen Mystiker las. 1905 verschrieb sich der Neunzehnjährige mit Leib und Seele der Medizin, als Sechsundzwanzigjähriger schiffte er sich nach Malaysia ein, um dort als Arzt auf den Gummiplantagen zu arbeiten. Das Geld, das er verdiente, wandte er für die Kranken auf. Er begriff jedoch, dass die Menschen nicht nur einen Arzt des Leibes, sondern vor allem auch der Seele benötigten. Und ein solcher wollte er, bei all der Liebe, die er in sich spürte, werden. Dazu bedurfte es zunächst der eigenen Läuterung. So warf der junge Mann im Jahre 1923 Titel und Status von sich, kehrte nach Indien zurück und durchwanderte ein Jahr lang als namenloser Bettler seine Heimat.

Schließlich gelangte er nach Rishikesh. Was er dort sah, schockierte ihn: All die Sadhus und *Sannyasi*s, denen er begegnete, waren in einem unvorstellbar schlechten Zustand – teils aus bitterer Armut, teils aus übertriebener Askese. Viele flüchteten sich in Rausch- und Reizmittel, wussten nichts mit ihrer Zeit anzufangen. Nach seiner Mönchsweihe lebte Shivananda zwar zehn Jahre in strengster Askese in einer Einsiedlerhütte, die ihm der Swarg Ashram zur Verfügung stellte, übte aber nebenbei die Tätigkeit des Arztes aus. Er wanderte durch die Wälder und die Straßen Rishikeshs, pflegte die Wandermönche und Bettler gesund, brachte ihnen Nahrungsmittel und Medikamente. Denen, die auf dem Weg zu den

Pilgerheiligtümern Kedernath und Badrinath über den Laxman Jhoola kamen, gab er ein Notfallpaket Medikamente mit. Bald war der hilfsbereite, liebe- und humorvolle Shivananda der populärste Mann in Laxman Jhoola. Bereits im Swarg Ashram war er ein spiritueller Magnet. Er gewann das Vertrauen der physisch und psychisch leidenden Mönche und wurde zu ihrem Guru. 1933 gründete er die *Swarg Ashram Sadhu Sangha*, eine Vereinigung zur Entwicklung der Spiritualität der Sadhus, 1934 seinen eigenen Ashram. Dieser wuchs schnell und wurde zu einem wahren Dorf.

Ich erfuhr, dass ein Ashram in der Regel nicht wie beispielsweise ein Kloster gegründet würde. Es wachse vielmehr um einen Menschen, von dem man zu spüren glaubte, er habe „das Höchste" erkannt. Man sagt, er sei in Gott aufgegangen, so dass er in irdischer Hülle das Göttliche verkörpere und seinen Anhängern somit die Erreichbarkeit höchster Erkenntnis beispielhaft vor Augen führe.

Während ich dies las, fragte ich mich, ob sich in dem berühmten Swami nicht eine perfekte Synthese zwischen den Idealen des Christentums und des Hinduismus zeigte? – Eine Befreiung der Seele im *diesseitigen* Leben, aber *für* die Welt?

Yamuna

Als ich zurück zum Bombay Guesthouse kam, saß die Frau mit den blonden *Chattas* auf der Holzpritsche und las Zeitung. Sie hatte sich ein Tuch um den Kopf gewickelt, was ihr schmales Gesicht noch zierlicher aussehen ließ. Ich nahm mir vor, sie nach der *German Mataji* zu fragen, lächelte sie an und fragte, ob ich mich zu ihr setzen dürfe. „Bitte", erwiderte sie, „ich wollte gerade etwas essen. Möchtest du mit mir essen?" „Danke", lehnte ich ab, „ich habe gerade gegessen." Sie holte aus ihrem goldenen Messingtopf eine weiße Masse hervor, zu der sie sich einen Apfel in kleine Stücke schnitt. „Das ist das, was übrig bleibt, wenn man Milch so lange kocht, bis nur noch kristalline Masse übrig ist. Daraus werden ansonsten Süßigkeiten gemacht. Dies ist halt ohne Zucker." „Isst du das öfter?", fragte ich. „Ich ernähre mich nur von Milch. Und wenn ein bisschen Obst vom Himmel fällt, auch von Obst", erwiderte sie.

Da überkam mich plötzlich eine Ahnung. „Du kommst nicht zufällig aus Deutschland, oder?" „Doch, du auch, nicht wahr?" „Lebst du als Sannyasini?" „Ja, das tue ich." Ich begann, laut zu lachen. „Dann bist *du* also die *German Mataji*, die der Doktor meinte. Es gibt also zwei! Ich hatte eigentlich nach einer Frau namens Uma Shankarananda gesucht!" „Die bin ich nicht", antwortete sie. „Mein Name ist Yamuna Giri, aber die Uma Shankar, die kenne ich. Ich hab sie vor zehn Jahren mal oben in ihrer Höhle besucht, als ich selber gerade dabei war, Sannyasini zu werden." „Und wie war dein Eindruck von ihr?" „Sie war sehr abweisend, hatte einen riesigen Wachhund auf zwei Drittel des Weges, an dem kein Vorbeikommen war, so dass ich und mein Begleiter sie erst einmal bitten mussten, das Tier zurückzurufen."

Ich war etwas perplex. Was sie da von Uma erzählte, hörte sich nicht gerade erfreulich an. „Es hat aber wohl Ereignisse gegeben, die sie so verbittert werden ließen. Sie ist einmal ernsthaft von einem Sadhu bedroht worden, hat sich deshalb einen silbernen BH und einen Keuschheitsgürtel anfertigen lassen. Sie hat dann auch Probleme mit den Forstbehörden bekommen. Die haben ihr gesagt, sie könne bis an ihr Lebensende als Sadhu in der Höhle leben, aber nicht mit ihren Tieren. Das sei von nun an Naturschutzgebiet."

Yamuna hielt kurz inne und fuhr dann fort: „Eigentlich hat sie schon damals nur geklagt – dass sie niemand unterstütze, dass sie versuche, selbstversorgerisch zu leben, dass das aber nicht funktioniere und so weiter. Aber wie heißt es doch so schön? ‚Wie man in den Wald hineinruft, so schallt es zurück!' Ich habe das Gefühl, sie befindet sich da auf einem Selbstmitleidstrip – erwartet von den Leuten, dass sie hart für sie arbeiten, ohne selbst dafür zu geben. Ein Sadhu würde einen zum Beispiel auch erstmal willkommen heißen, einem ein Glas Wasser oder etwas zu essen anzubieten." Mir meine Enttäuschung ansehend, fügte sie hinzu: „Es tut mir Leid, dass ich dich jetzt so frustriert habe. Ich kenne Uma nicht besonders gut, und vielleicht war es auch nicht gut, all das zu sagen." Ich winkte ab: Ich sei im Grunde dankbar für jede Information, wollte mir aber mein eigenes Bild von der Eremitin machen. Sie seufzte tief auf: „Ich glaube, sie ist erst in den letzten Jahren so verbittert geworden. Ich möchte in keinem Fall über sie urteilen. Das ist nur sehr schade. Bitte grüße sie doch auch von mir." Ich nickte und versprach es. Dann lenkte ich das Gespräch in eine andere Richtung: „Ich würde dich auch gerne noch etwas fragen: Was hältst du vom Shivananda-Ashram?" „Er hat gute Yogakurse und sehr strikte Ashramgesetze", antwortete Yamuna. „Ich halte ihn für gut, weil er ziemlich ernsthaft ist. Chidananda, der zweite Nachfolger Shivanandas, hat einmal für mich einen Brief an die Regierung geschrieben, um weiteres Residenzrecht für mich zu erlangen. Darin schrieb er, ich sei eine ‚Bereicherung für diese Gegend'. Das fand ich sehr nett. Es war allerdings ziemlich schwierig, überhaupt an Chidananda heranzukommen. Überhaupt dreht sich im Shivananda-Ashram alles um dessen geistige Führungshäupter, und die Leute aus dem Westen laufen dort herum wie Untertanen und küssen den Swamis die Füße. Ich glaube, anstatt sie für voll zu nehmen, nimmt man sie dort eher aus. Soweit ich weiß, hatte Uma es dort auch ziemlich schwer."

„Und du? Warum lebst *du* eigentlich in einem Guesthouse?" „Eigentlich wohne ich in einer Höhle, der *Jhillmill Gufa,* aber es ist gerade Pilgerzeit, da kommen zu viele Pilger und kacken alles voll, und man hat keine ruhige Minute mehr für sich selber." „Musst du hier etwas bezahlen?" „Nein, natürlich nicht. Ich habe doch gar kein Geld. Ich habe hier meine Pritsche und das ist gut so." „Wie alt bist du?" „Sechsunddreißig." „Und seit wie vielen Jahren lebst du als Sadhu?" „Seit elf Jahren."

„Hast du noch Kontakt zu deiner Familie? Was hast du für ein Verhältnis zu deinen Eltern?" „Ich habe ein sehr gutes Verhältnis zu meinen Eltern. Ich habe wirklich eine sehr nette Familie. Meine Mutter schreibt mir jedes Jahr und ich ihr. Wir sind beide ein bisschen schreibfaul. Letztes Jahr haben wir eine Stunde lang telefoniert, das war sehr nett. Schau, hier ist der letzte Brief von ihr." Sie holte einen kleinen, mit Goldfäden bestickten Beutel von einem Haken über der Bank, aus dem sie einen Brief und einige Fotos holte. „Mein liebes Mädchen", stand da geschrieben, „meine Große". Und: „Ich bin immer ganz gerührt, wenn hier Leute anrufen und von dir erzählen, Grüße ausrichten oder Fotos mitbringen ..."

„Wann bist du von zu Hause weg?", fragte ich sie. „Mit fünfzehn." „Das ist ja über zwanzig Jahre her! Warum so früh? Hattest du Probleme mit deinen Eltern?" „Mit vierzehn, fünfzehn, hatte ich mal Probleme mit meiner Mutter. Wir haben uns dann eine Woche lang hingesetzt und alles auf den Tisch gebracht. Das war gut so. Aber dass ich weg musste, das hat damit nichts zu tun, das kam ganz automatisch. Ich musste diesen Weg gehen." „Was sagen denn deine Verwandten zu dem Leben, das du führst? Verstehen sie das oder gibt es da Getratsche?" „Ich würde sagen: weder noch und beides. Ich würde es ‚sympathisches Unverständnis' nennen. Ich glaube schon, sie finden stark, was ich da mache, aber ihr Verstehen geht über eine bestimmte Grenze nicht hinaus." „Sind deine Eltern religiös?" „Meine Eltern sind sehr religiös, aber auf eine sehr einfache, unaufdringliche Art." Ich fragte sie, ob sie Bilder von ihrer Familie hätte. Sie nickte und kramte aus ihrer Tasche ein Bündel Fotos hervor. „Das ist meine Schwester, die war zwei Jahre alt, als ich von zu Hause weg bin. Mein Bruder war damals vier Jahre alt. Und dies hier ist mein Vater." „Was machen deine Eltern beruflich?" „Meine Mutter arbeitet mit lernschwachen Kindern, mein Vater ist Computerprogrammeur, ein absoluter Arbeitsmensch. Ansonsten sind in meiner Familie irgendwie alle Pfarrer oder Lehrer."

„Magst du nicht doch mal probieren?" Sie strahlte mich an und hielt mir einladend ein Stück der Milchspeise entgegen. Ich nahm an und ließ mir die Masse langsam auf der Zunge zergehen. Sie schmeckte wirklich gut. Ich fragte Yamuna, warum sie sich nur von Milch und Früchten ernährte. „Das ist ganz automatisch gekommen", antwortete sie. „Früher dachte ich, so etwas sei gar nicht möglich, aber dann sagte mir eine innere Stimme: ‚Hör auf, dich gewalttätig mit guten Sachen zu füttern.' Erst habe ich mit dem Salz aufgehört, dann mit dem Zucker, und nun esse ich eben nur Milch und Obst – und ein paar Nüsse oder Rosinen, wenn denn welche vom Himmel fallen. Das hält mich im Gleichgewicht, tut mir gut. Aber die absolute Harmonie, das ist eine ganz feine Linie. Manchmal merkst du gar nicht, wie du einschläfst, also davon wegkommst. Manchmal ist es nur ein Gedanke, eine Emotion. Aber wenn du dir dessen bewusst wirst, ist die Harmonie manchmal schon wieder hergestellt."

Plötzlich kramte sie aus ihrer Tasche ein Bild hervor. „Dies ist mein *Guruji*, mein verehrter Guru. Er lebt in Haridwar. Ist 1998 dorthin berufen worden, um einen organisatorischen Posten in der *Akhara* zu leiten. Dort soll er zwölf Jahre bleiben." „Von wem berufen worden?" „Na, vom Orden." „Du gehörst einem Orden an?" „Ja, der *Juna-Akhara*. Die Sadhus sind doch alle in Orden, in *Akharas*, organisiert. Die meisten Orden haben auch einen festen Sitz. Die *Juna-Akhara* hat ihren Hauptsitz in Varanasi, und eben jenen Nebensitz in Haridwar. Das Ganze ist dann sozusagen die Regierung des Ordens. Und mein Guruji bekleidet, wenn du es so willst, das Amt eines Ministers." Sie lachte mich an. „Dann hast du dich also initiieren lassen?", wollte ich wissen. „Ja, bei der *Kumbha Mela* im Jahre 1998 in Haridwar hat mir mein Guru Sannyas gegeben." Ich erfuhr, dass die *Kumbha Mela* das größte religiöse Fest der Welt sei, zu dem jedes Mal Millionen von Menschen kämen, die alle zum selben Zeitpunkt in die Ganga stiegen. Ein Bad in den heiligen Fluten zu diesem günstigen Zeitpunkt solle das Entrinnen aus dem ewigen Kreislauf der Wiedergeburt und den sofortigen Eingang ins *Nirvana* – jenen Zustand der Erlösung, in dem jegliche Dualität getilgt sei, bewirken. Die *Kumbha Mela* finde alle drei Jahre abwechselnd an vier Orten statt: in Allahabad, Nasik, Ujain und Haridwar. Sie sei Treffpunkt der unterschiedlichsten Sadhugemeinschaften Indiens und ihrer Gurus. Für einige Wochen verwandelten sich die Uferbänke in eine unüberschaubare Zeltstadt, die die eigentliche Stadt vor kaum zu bewältigende Infrastrukturprobleme stelle. In dem Gedränge auf den *Ghats*, den Treppenstufen am Ufer, kämen immer wieder Menschen um, doch ein Tod an dieser Stelle und zu diesem Zeitpunkt gelte als glückverheißend.

„Wie sieht so eine Initiation aus?", wollte ich wissen. „Das ist unterschiedlich von Orden zu Orden. Die Initiation selber dauert nur wenige Stunden. Die Vorbereitung kann aber Jahre dauern." „Würdest du dein Sannyasgewand auch mal wieder ablegen?" „Nein, das ist ein *one-way-ticket*. Das muss man sich schon gut überlegen." „Was bedeutet eigentlich Sadhu?" „Ein Sadhu ist jemand, der *Sadhana* ausübt, das heißt, sein ganzes Leben mit Tat, Wort und Gedanken Gott widmet. Auch für mich bedeutet es, mein ganzes Leben Gott zu weihen – alles, was ich tue, einfach alles! Und es bedeutet absolute Ehrlichkeit vor mir selber und damit auch vor allen anderen." „Woran liegt es, dass es so wenige weibliche Sadhus, also Sadhvis, gibt?" „Es ist für Frauen ein viel größerer Schritt, sich für ein Leben als Sadhvi zu entscheiden, da sie als solche von den meisten nicht akzeptiert werden. Meistens handelt es sich dabei um Frauen, die von der Gesellschaft ausgestoßen wurden – vergewaltigt und nicht verheiratet, unfruchtbar oder Ähnliches, auch Frauen, die der Familie oder ihrem Dorf entkommen wollten – eben solche, die anders nicht überleben können."

In der nächsten Zeit war Yamuna oft beim Malen, wenn ich aus meinem Zimmer kam. Auf dem Papier entstanden allmählich die Konturen Devis, der großen Göttin, in einer ihrer Inkarnationen. Yamuna hatte eindeutig großes künstlerisches Talent. Darin unterschied sie sich in keiner Weise von Uma. Die Figuren ihrer Zeichnungen waren ungewöhnlich ausgewogen, man hatte das Gefühl, dass alles passte. Einmal fragte sie mich: „Sag mal, kennst du dich aus mit Computern? Ich habe gehört, man kann auch Bilder per Computer verschicken. Ich würde dieses Bild und ein paar andere gerne an meine Eltern schicken." Ich musste lachen. Sie war wirklich eine Sadhvi ihrer Zeit. Sie erzählte mir, sie sei unglaublich dankbar, diese Zeit erleben zu dürfen. Es sei eine spannende Zeit, da überall alte Strukturen am Zerbrechen seien und sich die Kulturen vermischten. Daraus erwachse ein großes Potential für Neues, für die individuelle Freiheit. Die Freiheit des Individuums sei essentiell für spirituelles Weiterkommen, habe jedoch auch eine Kehrseite: Die meisten Menschen kämen mit ihrer neugewonnenen Freiheit gar nicht klar und verstiegen sich entweder in religiösem oder kulturellem Fanatismus oder aber einem wahren Egowahn, da ihnen das Zerbrechen ihrer traditionellen Werte Angst mache.

In den folgenden Tagen verschwand die Sadhvi. Die Bewohner des Bombay Guesthouses seufzten tief auf: Ohne sie sei es nicht mehr wie vorher. Bevor ich zu Uma aufbrach, wollte ich auch sie noch in ihrer Höhle besuchen, zunächst jedoch drängte es mich, endlich die Höhle zu sehen, in der Uma gelebt hatte: *Ganesh Gufa*.

Die Höhle

Ich machte mich auf die Suche nach Baldev, einem jungen Mann, der bei Uma in Purola aufgewachsen war und, wie sie mir geschrieben hatte, zurzeit in Rishikesh lebte – in der Hoffnung, er könne mich zur *Ganesh Gufa* hinaufführen. Ich fand ihn mit Hilfe eines Hoteljungen, der einmal in demselben Hotel wie Baldev gearbeitet hatte. Dieser erklärte sich sofort bereit, mich am nächsten Morgen zum gewünschten

Ort hochzuführen, nahm sich einen ganzen Tag frei und stand bereits früh morgens vor dem Eingang des Bombay Guesthouses. Ich erfuhr, dass Uma für ihn so etwas wie eine Großmutter war. Sein Bruder Gangaram sei als Junge zu ihrer Höhle heraufgekommen und arbeite seitdem für sie – lediglich gegen eine bescheidene Verpflegung. Durch diesen sei sie auch nach Purola gekommen, lebe dort auf einem Grundstück, das auf seinen Namen registriert sei, da sie als Deutsche in Indien nicht berechtigt sei, Land zu erwerben. Ein anderer Bruder arbeite ebenfalls mit seiner ganzen Familie bei Uma. Dieser bekomme ein Gehalt von ihr, da er eine Familie zu versorgen habe.

Baldev erzählte, er bringe jedes Mal, wenn er zur Höhle hinauf ging, etwas zu Essen für die dort lebenden *Babas* (so wurden die Sadhus manchmal auch genannt) mit – einen Sack Reis, Linsen oder Ähnliches. Dort oben fühle er sich wohl, sei glücklich. Er brauche keinen Ashram – heute sei dort alles kommerzialisiert. Die Gurus seien raffgierig, wollten Fernsehen, Autos, Frauen – und das meiste davon hätten sie bereits. All der Pomp, die Lautsprecher und Spendenboxen – das müsse nicht sein. Er liebe die Stille des Waldes. In frischer Waldluft aufzuwachen, das sei wunderbar, dort bekäme man einen klaren Geist. Gott sei in unseren Herzen, sonst nirgendwo. Das sei das Wichtigste, es sei nicht von äußeren Umständen abhängig. Ich musste lächeln: Immer wieder berührten mich solche Äußerungen „einfacher" Menschen. In Indien galt es nicht als peinlich, über Gott zu sprechen oder seine religiösen Gefühle zu zeigen: Oft sah man, wie sich Menschen vor einer Gottheit in den Staub warfen. Auch die göttliche Entrücktheit war nichts, was man hinter verschlossenen Türen verbarg, um nicht als verrückt eingestuft zu werden.

Ich fragte mich auch, ob dieser Mann nicht im Alltag verwirklichte, was andere durch harte Askese und Meditation in einer Höhle zu erreichen suchten. Wie viele Menschen auf dieser Welt mochte es geben, die das Buddha-Ideal verwirklicht hatten, ohne viel Aufhebens davon zu machen –

einfache Menschen, die vielleicht nicht einmal eine Schule besucht hatten, Menschen, die in dem aufgingen, was war, während so viele andere das Glück immer genau in dem vermuteten, was sie nicht hatten, was nicht war? War es auf dem spirituellen Weg vielleicht gar nicht notwendig, auf menschliche Beziehungen zu verzichten, wenn man begriff, dass man auch *in* ihnen frei sein konnte und nicht nur jenseits von ihnen?

Der Weg führte an einem Flussbett den Berg hinauf. Überall lärmende Vogelschwärme und das Zirpen der Grillen. Wir nahmen den aufgeweichten Weg, der sich etwas abseits durch üppiges Grün schlängelte. Nach einigen hundert Metern überquerten wir den Fluss und entfernten uns auf der anderen Seite von ihm. Es war ein sehr anstrengender Aufstieg. Der Berg war an manchen Stellen so steil, dass man auf allen Vieren klettern musste. Immer wieder musste Baldev, der in seinen Stoffschuhen flink von Stein zu Stein hüpfte, anhalten, um auf mich zu warten. Wir kamen an einem riesigen Banyan-Baum vorbei, majestätisch mit seinen Luftwurzeln in alle Richtungen greifend. Auf dem ursprünglichen Baum hatte sich ein zweiter niedergelassen. So überragte der Baum alle anderen.

„Seit Jahrtausenden ist dies der heilige Baum Indiens", erklärte Baldev. Ich erinnerte mich daran, dass mir ein Inder einmal erzählt hatte, die ältesten Mythen begännen mit dem Banyan-Baum und endeten mit dem Banyan-Baum. Die Yogis hätten seit Urzeiten unter diesem Baum meditiert. Da er hunderte, ja tausende von Jahren alt werde, symbolisiere er auch die fortdauernde Versenkung der Asketen, die in alten Zeiten so lange in Meditationshaltung verharrt haben sollen, dass Vögel in ihrem *Chatta*-Turban nisteten. Der Banyan-Baum sei auch ein Symbol der Fruchtbarkeit. Wenn Mädchen zu Frauen würden oder wenn Frauen sich ein Kind wünschten, hängten sie kleine Stoffsäckchen und Tücher in den Baum.

Dort, wo der Riese seine mächtigen, verschlungenen Wurzeln in den Boden senkte, stand ein Stein, der mit dottergelben und weißen Blumenketten behängt und mit rotem Puder bestreut war – ein kleiner Altar inmitten der Natur. Die Natur ist ein Teil des religiösen Lebens der Hindus. Sie erkennen in allem die Präsenz Gottes. Jeder Gegenstand, jedes Lebewesen im Kosmos besitzt ein bestimmtes Maß an spiritueller Kraft, so auch der Banyan-Baum. Die Gestirne besitzen die größten Kräfte. Berge gelten als heilige Orte, deshalb findet man auf ihren Gipfeln oft Tempel. Der Himalaya ist der Wohnsitz der Götter. Und die großen Flüsse werden als Göttinnen verehrt.

Immer wieder entdeckte ich in den Wipfeln der Bäume orangefarbene Wimpel, Wegweiser zu den Babas, die zurzeit in der Höhle wohnten. Endlich nahm der Pfad eine scharfe Biegung nach links und wir standen vor einer Treppe, die zu einer Art Plattform emporführte. Man sah auf Anhieb, dass hier einmal eine Künstlerin gelebt hatte. Vor der Höhle plätscherte Wasser in ein Bassin, auf dessen Rand ein aus Zement modellierter Nandi-Bulle stand. Messinggeschirr stapelte sich auf dem Boden. Der Garten, den Uma stufenförmig angelegt hatte, war mit Müll übersät. Dennoch hatte der Ort seinen Zauber nicht verloren. Orangefarbene Baba-Gewänder wehten an einer Leine im Wind. Die Gittertür zur Höhle war verschlossen.

Baldev rief zurückhaltend ein paar Worte auf Hindi in das Dunkel, dann setzten wir uns leise vor die Tür. Nach einiger Zeit kam ein Sadhu zum Vorschein. Er trug lange *Chattas* und einen zerschlissenen Lendenschurz und hatte einen vollendet friedlichen Gesichtsausdruck. Baldev fragte nach den anderen fünf oder sechs Babas, die in der Höhle wohnten. Der Mann bedeutete mit einer sanften Geste, Baldev solle warten. Dann holte er ein Stück Papier, auf das er schrieb, sie seien in den Bergen. Er selbst habe ein Schweigegelübde abgelegt, könne uns unsere Fragen also nur auf dem Papier beantworten. Wir stiegen leise auf eine weitere Plattform oberhalb der Eingangstür. An diese grenzten einige Räume, in denen verstaubt und vergessen von Uma geformte Statuen standen. Parvati, an der Seite ihres Gemahlen Shiva, trug nur einen Lendenschurz wie Uma ihrerzeit. Eine Zeit lang saßen wir auf der Terrasse, auf die der Baba uns frisch zubereiteten *Chai*, Gewürztee, brachte. Dann ließ er uns in einen kleinen Raum eintreten. Dort befand sich eine Matratze neben einer viereckigen Feuerstelle, wir hatten gerade genug Platz, um zusammen zu sitzen. Ich überreichte dem Baba die Äpfel, die wir mitgebracht hatten, und bat Baldev, mich vorzustellen und zu erzählen, dass ich auf dem Weg zu Uma Shankarananda sei. Es stellte sich heraus, dass dieser Uma erst kennen gelernt hatte, als sie einmal vor einigen Jahren zur Höhle hinaufgekommen war. Sie sei eine gute *Sadhvi*, aber er wisse nicht, was für ein Ziel sie habe. Er kenne Yamuna besser als Uma. Sie hätten beide den selben Guru. Er habe ein Jahr mit ihr zusammen bei der *Jhillmill Gufa* gelebt.

Ob wir Fragen an ihn hätten, wollte der Baba nun wissen. „Ja", erwiderte ich, ich wolle wissen, wie und in welchem Alter er auf diesen Weg gekommen sei. Der Baba nahm Zettel und Stift zur Hand und schrieb mit großer Klarheit und Bestimmtheit. Ich hatte den Eindruck, all seine gesammelte Energie bündele sich in dem Stift, der über das Papier fuhr. „Vor eineinhalb Jahren bin ich hierher gekommen. Seit vier Jahren verweile ich im Schweigen. Als ich vorher mit *Yamuna Mayee* zusammen im Retreat lebte, hatte ich vom *Maunavrat* (dem Leben in Schweigen) noch keine Ahnung. Ich möchte mindestens zwölf Jahre *Mauna* (Schweigen) praktizieren und denke darüber nach, bis zum Jahr 2009 hier zu leben – so lange, bis ich Wissen erlangt habe. Hin- und herreisen will ich dann zwar nicht, aber die Zukunft liegt in Gottes Händen. Was wird morgen sein? Es könnte auch sein, dass ich in acht Jahren gar nicht mehr sprechen kann." „Warum haben Sie den Weg des Schweigens gewählt?" Der Baba schrieb: „Was ist Gott? Wie kann man ihn erreichen? Wie kann man ihn begreifen? Wie soll man verstehen, was Gott ist, was *Dharma* ist? Um all diese Dinge zu verstehen und um den Frieden des Selbstes – *Atma Shanti* – zu erhalten, verweile ich im

Schweigen. Durch das Schweigen wurde mir auf außergewöhnliche Weise Wissen zuteil. Durch das Schweigen erlangt man Wissen über die Wahrheit, die Realität – über die Göttin. Eine andere Sache ist, dass einer, der *Mauna* befolgt, nach dem Tod in einer neuen Geburt beim Eintritt in einen menschlichen Mutterleib zum König wird. In dieser Weise wird einer durch das Festhalten am Gelübde des Schweigens die gewünschte Frucht erlangen. Dies ist der direkte Weg zu Gott."

Der direkte Weg, das glaubte ich gerne. Hier oben, in dieser Atmosphäre des Friedens konnten sich einem gewiss Dinge enthüllen, die einem in der Hektik der menschlichen Welt versagt blieben. Plötzlich schrieb der Baba, um acht Uhr werde er *Aarti*, die Feuerzeremonie machen. Wenn wir die Höhle sehen wollten, sollten wir das besser jetzt tun, anschließend könnten wir, falls wir das wollten, an der *Puja* teilnehmen. Freudig überrascht und neugierig sagte ich zu. Über der Eingangstür war ein kleiner Ganesh, Entferner aller Hindernisse und Gott des Neubeginns, in den Fels modelliert. Im Innern der Höhle herrschte ein solcher Friede, dass ich nur leise zu flüstern wagte. Uma hatte den Raum mit nahezu lebensgroßen Figuren verziert. Der Baba deutete aber an, dass die meisten zerstört worden seien. Schweigend leuchtete er uns mit einer Taschenlampe, damit ich besser sehen konnte. Er lächelte, als er sah, wie beeindruckt ich war. Allmählich gewöhnten sich meine Augen an die Dunkelheit. Warmes Sonnenlicht fiel in den Eingang, und ich erkannte ein paar einfache Bastmatten auf dem Boden. Die Höhle war gestuft und verwinkelt. In der Mitte hatten die Männer ein Gestell aufgebaut, über das eine Plane gespannt war. Wassereimer fingen das herniederlaufende Wasser auf. Die Luft war feucht und stark verräuchert. Rauch quoll von der viereckigen Feuerstelle, in der *Trishul*, der Dreizack Shivas, steckte. Es war unendlich still um uns. Der Baba zeigte uns den Abzug, durch den der Rauch ins Freie gelangen konnte. Hinter der Feuerstelle hatte er sein Lager, an der Kopfseite der Matratze einen Altar errichtet, bunt und vielfältig – geschmückt mit Dutzenden von Statuen, unter ihnen eine goldene Kobra auf einem Stein, für die Inder ein Fruchtbarkeitssymbol sowie Attribut Shivas, in der Mitte eine massive Bronzestatue des tanzenden Shiva. Der Baba zündete Räucherstäbchen an, die einen angenehmen Duft verbreiteten. Er erklärte, zurzeit könne hier nur eine Person schlafen, da der Rest der Höhle zu feucht war. In manchen Monaten schliefen sie hier zu sechst.

Der Rauch biss mir nun allzu sehr in der Lunge. Ich trat wieder hinaus ins Freie. Mauni Baba kam nach. Er führte mich zu einer Art Baumhaus, das ich schon zu Anfang bewundert hatte. Die Babas hatten ein großzügig bemessenes Astgestell an einem Steilhang befestigt, das weit in die Baumkronen unter uns hineinragte. Man schaute direkt auf das Flussbett ins Tal hinunter. Nebelschwaden hingen über der Ganga. Über den rosafarbenen Morgenhimmel zogen Schäfchenwölkchen. Wir machten es uns auf dem weichen, mit Gras ausgelegten Lager gemütlich.

Plötzlich ertönte ein langgezogener, tiefer Ton, der bis ins Tal widerhallte. Regungslos vor dem Eingang der Höhle stehend, begrüßte der Baba mit dem Muschelhorn die Götter. Dann ließ er einen Räucherkegel über dem Eingang der Höhle kreisen, läutete eine Glocke, die am Eingang hing. Wir machten uns auf, die *Puja* mitzuerleben. Mauni Baba breitete eine Decke für uns aus. Geweihtes Wasser benetzte den Altar, die Feuerstelle, unsere Haare. Er verneigte sich tief vor der Feuerstelle, vor dem Altar, ergriff dann die *Damaru*, eine kleine Trommel, die Gott Shiva bei sich zu tragen pflegt. In ihrer Mitte sind zwei Klöppel an einer Schnur befestigt, die auf die einander gegenüberliegenden Seiten schlagen, wenn man die Trommel in der Hand hin- und herdreht.

Die Trommel begann zu schlagen, eindringlich und in gleichförmigem Rhythmus, dem kosmischen Tanz Shivas folgend. Ich blickte auf die Statue, die ebenfalls die *Damaru* in der Hand hielt, bis sie vor meinem inneren Auge lebendig wurde, hörte das Stampfen und den klirrenden Schmuck des

Gottes, der den ewigen Tanz des Werdens und Vergehens tanzte, ließ mich davontragen, spürte meinen Körper gar nicht mehr. Das Rauschen des Regens verschwand. Es gab nur noch das Schlagen der Trommel. Waren es Minuten, waren es Sekunden, ich wusste es nicht. Die Zeit schien still zu stehen. Der Rauch des Feuers streichelte mein Gesicht. Ich fühlte mich unendlich geborgen in dieser Stille, die eigentlich gar keine Stille war. Wie konnte man jemanden verurteilen, der diesen Weg des Rückzugs ging, wenn er doch anderen so viel Mut, Hoffnung und Geborgenheit gab? Die Präsenz und der Frieden, den Mauni Baba ausstrahlte, waren etwas Heilsames, Kostbares. Allmählich wurde das Trommeln von sehr schnellen, unregelmäßigen Schlägen durchsetzt. Ich öffnete die Augen. Vor mir glimmte das Feuer. Es ertönte ein letzter Trommelwirbel, und der Sadhu legte das Instrument beiseite. Er verbeugte sich wieder, stand auf und drehte sich einmal im Kreise, verbeugte sich wieder. Dann nahm er geweihte Asche, strich sie erst sich, dann Baldev, dann mir auf die Stirn. Wir mussten uns zu ihm hinbeugen, um seinen Segen zu empfangen. Dann ging er zum *Shivalingam*, dem Phallussymbol, das aus der *Yoni*, dem weiblichen Geschlechtsorgan, emporstieg – manche betrachteten den *Shivalingam* auch als Symbol des Formlosen, das auf der Ebene des Sehens eine Form erhalte, vergleichbar mit dem *Om* als Symbol des Formlosen auf der Ebene des Hörens. Über dem Lingam war ein dreibeiniges Metallgestell aufgebaut, auf dem ein Kupfertopf stand, versehen mit einem winzigen Loch, aus dem von Zeit zu Zeit ein Wassertropfen herabfiel – die Ganga symbolisierend, die aus Shivas Haaren entsprang. Um die *Puja* zu beschließen, läutete Mauni Baba wieder die Glocke, versprengte Weihwasser und kehrte zurück zum Lager. Im Folgenden erfuhren wir, dass er eine Schülerin in Kanada hatte und sich dort irgendwann als Yogalehrer niederlassen wollte. Hierfür sammelte er Geld. Wir gaben ihm fünfzig Rupies. Er hingegen gab uns *Prasad*, geweihte Speise, in diesem Falle eine Süßigkeit. Es war an der Zeit zu gehen. Ich drückte meinen Dank aus, indem ich meine Hand aufs Herz legte und ihn anlächelte. Er erwiderte mein Lächeln. Wir machten uns auf den Weg. Hinab ging es ins Tal, vorbei an Limonenbäumen, Kräutern und Blumen aller Art.

Yogi Shankara Das

Auf dem Rückweg machten wir einen Umweg zu einem zweiten Baba: Yogi Shankara Das. Baldev erzählte, er sei der jüngste Schüler des legendären Tatwala Baba gewesen, der so bekannt geworden war, dass er ein Schild mit Zeiten für *Public Darshan* an einen Baum vor der Höhle befestigen musste, um nicht von Verehrern überrannt zu werden. *Darshan* ist ein Brauch, bei dem die Gläubigen kommen, um ihren Guru zu *sehen*. Man sagt, alleine durch dessen Anblick werde sein Segen auf die Schüler übergeleitet. Man kann auch einen *Darshan* von der Ganga oder einem Banyan-Baum haben. Auch Maharishi Mahesh Yogi, Guru der Beatles, sei großer Verehrer Tatwala Babas gewesen, erzählte Baldev. Er sei immer wieder mit seinen eigenen Anhängern zur Höhle hochgekommen. Tatwala Baba selber habe sich allerdings nichts aus all dem Wirbel gemacht. Uma habe den Baba sehr verehrt. Durch ihn sei sie erst auf die Idee gekommen, selber in eine Höhle zu ziehen. 1974 sei dann das Schreckliche geschehen: Tatwala Baba wurde im Auftrag eines anderen Sadhus ermordet. Die Höhle, in der sein Nachfolger nun seit ungefähr vierzig Jahren lebte, lag an der *Neelkanth Road* oberhalb des Swarg Ashrams von Ram Jhoola. Treppenstufen führten hoch zu einem kleinen Gebäude. Sie endeten auf einer Plattform, die links von einer Steinbank gegen den Abgrund abgegrenzt wurde. Sonnenflecken, die durch das Dach eines riesigen Banyan-Baumes fielen, tanzten auf dem festgetretenen Lehmboden. Das Tosen eines kristallklaren Gebirgsbaches, der ins Tal hinunterstürzte, übertönte alle Geräusche. Rechts trat man durch ein Tor in eine Art Innenhof, der wiederum in das

Gebäude führte, dessen Außenwand ich schon unten gesehen hatte. Aus dem Inneren klangen gedämpft Stimmen heraus.

Ich stellte meine Schuhe zu den vielen anderen Paaren und trat vorsichtig ein. Im Inneren des Raumes saßen ein halbes Dutzend Inder auf Bastmatten und hörten einem alten Mann zu, der in einer dunklen Ecke neben einer Art Schrein saß. Sein Gesicht war zunächst nicht zu erkennen. Mit einer Geste bat er uns einzutreten. Als sich meine Augen an die Dunkelheit gewöhnt hatten, erkannte ich, dass seine langen grauen Haare bis zum Boden reichten. Er hatte tief dunkle Augen und einen sehr ruhigen Blick. Dieser Blick war es, der mir am meisten auffiel.

Die Inder blieben nicht lange und ich konnte mich vorstellen. Ich nannte mein Anliegen: dass ich Uma Shankarananda besuchen würde und gehört hatte, er kenne sie von früher. Ob er mir etwas über sie erzählen könne. „Schon in ihrer Ashram-Zeit kam sie sehr oft zu diesem Ort hoch", erinnerte sich Shankara Das. „Sie mochte den Baba – wollte so gerne in die Nebenhöhle ziehen. Aber Tatwala Baba sagte ‚nein'. Sie sei noch jung und solle lieber im Ashram bleiben. Ich kann es nicht genau sagen, aber von meinem Gefühl her würde ich behaupten, dass sie sehr, sehr traurig war. Sie mochte Tatwala Baba und wollte genauso leben wie er ... Sie war eine gute Yogini. Hatte so viel Energie und Willensstärke. Man bräuchte hier mehr Menschen wie sie. Menschen, die konsequent diesen Weg gehen. Vor vielen hundert Jahren gab es in Rishikesh noch gute Babas. Jetzt sind nur noch ein paar wenige von innerer Stärke geblieben. Die meisten Babas sitzen in den Ashrams. Dort ist es bequem, sie haben ein Bett und etwas zu Essen." Durch einen finstern Blick drückte der Baba sein Missfallen aus. „Uma Shankar ist die einzige Höhlenfrau in der Umgebung gewesen. Sie hätte eine wirklich große Yogini werden können. Das Einzige, was ihr fehlte, war eine gute Führung, jemand, der ihr auf ihrem Weg behilflich war – ihr Techniken zeigte, um weiterzukommen. Sie hat sich so gequält mit übertriebenen Aksesepraktiken, hat Asche getragen, sich nicht hingelegt. Niemand konnte ihr sagen, dass das zu nichts führt." „Glauben Sie, die Leute akzeptierten sie?", fragte ich. Der Baba dachte kurz nach und nickte dann. „Sie hatte viele Schüler."

Es interessierte mich, wie der Yogi über Frauen dachte. „Wie denken Sie? Haben Männer und Frauen mit unterschiedlichen Problemen zu kämpfen, wenn sie ‚Erleuchtung' erlangen wollen? Sind Frauen weniger geeignet, um dorthin zu gelangen?" „Nein, für Frauen ist es sogar etwas einfacher, sie haben eine sehr große, natürliche Fähigkeit zur Hingabe – *Bhakti* – und sind innerlich sehr weich, sehr emotional, haben einen weiten, offenen Geist. Das einzige Problem ist: Sie sind wie Honig, wie Zuckerwasser, das die Bienen anzieht.

Und da gibt es noch etwas: Für Männer ist es einfacher, sich zu kontrollieren, Frauen haben da eine gewisse Schwäche." Ich widersprach heftig. Dieser Satz sei für mich Ausdruck einer großen Projektion. Der Yogi lächelte und versuchte zu erklären: Frauen hätten einfach eine größere Energie, *Shakti* genannt. Deshalb sei es schwierig für sie, diese zu kontrollieren. Männer könnten sich schwieriger im Augenblick, Frauen auf Dauer kontrollieren. Die Transformation ihrer sexuellen Energien stelle Frauen vor eine große Herausforderung. Wenn ihnen dies aber gelungen sei, könnten sie enormes Wissen erlangen – größer als es ein Mann je erreichen könne.

Ich diskutierte noch mehrere Stunden mit dem Yogi und kehrte einige weitere Male zurück. Er hatte die heiligen Schriften der Weltreligionen gelesen, sich jahrzehntelang Gedanken über Religion, Philosophie, Psychologie, Naturwissenschaft und Politik gemacht. Yoga betrachtete er als Wissenschaft und den Yogi damit als Wissenschaftler, der sich ein Leben lang die Frage nach Gott und somit nach allem anderen stellte. Dabei halfen ihm gewisse Geheimtechniken. Solange man noch Fragen habe, wirke die *Maya*, die Illusion. Ein echter Erleuchteter sei wie ein Spiegel. Wenn er mit einer Person spreche, sei er vollkommen in dieser Person, ansonsten in seiner Umwelt. Erleuchtung bedeute auch: Schauen, Sprechen, Handeln, Denken, Erkennen werden eins.

Auf einem kleinen Tischchen lag ein Brief vom *Prime Minister of India*. Respektvoll, wenn auch gewissermaßen ausweichend, antwortete dieser auf den selbstbewussten Vorschlag des Yogi, ihm die Vollmacht über den *District Ayodhya* zu geben, wo es Anfang der Neunziger nach der Zerstörung einer Moschee durch fanatisierte Hindus – die Moschee stand angeblich auf dem Boden eines vor Jahrhunderten von den muslimischen Eroberern zerstörten Hindutempels – zu gewalttätigen Ausschreitungen mit vielen Todesopfern gekommen war. Jahrelang hatte sich der Yogi die Gedanken eines Konfliktforschers gemacht und war im Grunde zu denselben Ergebnissen gekommen wie seine westlichen Kollegen. Er kritisierte zudem heftigst das Kastensystem: Dieses sei nicht zu vereinbaren mit demokratischen Ansprüchen. Jeder müsse dieselben Rechte und Möglichkeiten haben, sich frei zu entfalten. Ich hatte das Gefühl, dieser Asket war eher Philosoph und Intellektueller als Mystiker, hatte er doch auch gesagt, Fragen nach dem Sinn des Lebens, nach den Ursachen von Grausamkeit, Leid und Tod hätten ihn dazu gebracht, diesen Weg zu gehen. So wurde mir immer bewusster, wie unterschiedlich die Motive der Asketen sein können, sich in die Einsamkeit zurückzuziehen.

Maa Ganga

Jeden Abend bei Sonnenuntergang fand auf den *Ghats* vor dem Geeta-Ashram in Ram Jhoola eine große *Puja* statt: *Ganga-Aarti*. Dort ging ich hin, wenn ich ein wenig zur Ruhe kommen wollte, so auch an diesem Abend. An den weiter vorne liegenden Ghats nahmen Dutzende von Pilgern das Bad, für das viele von ihnen eine weite Reise auf sich genommen hatten. Angehörige aller Kasten standen nebeneinander im Wasser – Männer und Frauen jedoch voneinander getrennt.

Ich setzte mich ein wenig zu den Frauen. Lachend, spritzend, einander neckend, tauchten sie immer wieder in die Fluten. Das Licht der untergehenden Sonne verwandelte die Wassertröpfchen auf ihrer Haut in funkelnde Diamanten. Hier war die Ganga noch sauber. Hunderte von Fabrikanlagen und Kanalisationen würden den Fluss auf seinem Weg ins Meer in eine braune Kloake verwandeln. Viele Inder weigern sich, auch nur einen Zeh in diese Brühe zu stecken, während andere auf der ewigen (rituellen) Reinheit des Flusses beharren. Mein Blick fiel wieder auf die Frauen. Sie hielten sich an einer Metallkette fest, um nicht von der reißenden Strömung davongetrieben zu werden, oder klammerten sich aneinander – Junge an Alte, Alte an Junge – strahlend schön in diesem Augenblick ausgelassener Freude. Die Frauen zeigten ihre nackten Brüste, ihre Schenkel ohne einen Anflug von Scham. Gereinigt und mit gerade geöltem Haar stiegen sie in frische Kleider, um neu ins Leben aufzubrechen. Sie hatten einen kleinen Behälter bei sich, in dem sie einige Tropfen des kostbaren Wassers nach Hause transportieren würden, um es für wichtige festliche Ereignisse aufzubewahren.

Schon oft hatte ich gehört, Ganga-Wasser halte sich ewig – ein Phänomen, das genauso erstaunlich ist wie die Tatsache, dass die Menschen in der Ebene, die von dem Wasser trinken, selten erkranken, obwohl es bereits stark verschmutzt ist. Auf den Stufen hatten sich bereits Hunderte von Menschen zusammengefunden, festlich gekleidet und freudig erregt, darunter auch einige westliche Reisende in der für Traveller typischen Baumwollkleidung. Alles drängte sich auf den Stufen zur Ganga, die in den letzten Wochen stark angestiegen war. Tosend rauschte das schlammbraune Wasser an uns vorbei. Unruhig sah ich ein kleines Mädchen fröhlich auf der untersten Stufe umherspringen, ihre Füße umspült vom graubraunen Nass. Ich fand einen Sitzplatz direkt am Wasser. Ganz vorne um das Feuer herum saßen junge, in Gelb gekleidete Brahmanensöhne.

Der Gottesdienst begann mit dem Singen von *Bhajans*,

Liedern der Verehrung. Sie wurden sowohl von Frauen als auch Männern vorgesungen und von einem Harmonium begleitet, dem Rhythmus der *Tabla* folgend. Hunderte von Menschen klatschten im Takt in die Hände, wiegten sich hin und her, während der Fluss vorbeirauschte. In den Liedern wurde auch *Maa Ganga*, Mutter Ganga, besungen. Ich versuchte nachzuvollziehen, welche Bedeutung die Ganga für die Inder hat. In erster Linie ist sie nährend wie eine Mutter. Dann fließt sie, ändert die Gestalt immerzu und bleibt doch dieselbe. Sie führt die Asche der Toten, die Lichter und Blüten der Hoffnung, den fruchtbaren Schwemmsand und allerlei Treibgut mit sich. Sie nimmt alles in sich auf, wie ein Meer, ein großer Geist. Und ebenso verliert sich der Geist des Pilgers in ihren Fluten, wenn er sie betrachtet – lange und in sich versunken ...

Nach ungefähr einer Stunde kam ein Priester mit einem Feuerständer, dessen Lichter sich zu einer einzigen großen Flamme verbanden. Er ließ das Feuer vor der Ganga kreisen und versprengte Weihwasser. Dies war *Ganga-Aarti*, die rituelle Vereinigung von Feuer und Wasser und damit auch die symbolische Vereinigung aller Lebewesen und des Kosmos. Nur Brahmanen wird die nötige Reinheit zugesprochen, dieses Ritual zu zelebrieren.

Die Pilger entzündeten kleine Öllämpchen an dem Feuer, um sie dann auf kleinen, aus Blättern gefertigten blütenbeladenden Booten auf dem Fluss auszusetzen – als Geschenk für die Mutter allen Lebens. Dutzende kleiner Lichter trieben in ihren Bananenblattbooten die Ganga hinunter. Gespannt verfolgte die Menge, welches noch lange weitertrieb, welches vom ersten Strudel gelöscht und in die Tiefe gezogen wurde. Eine in Lumpen gekleidete Alte ließ eine abgenutzte Zigarettenschachtel mit ein wenig brennender Wolle davonschwimmen. Das schwindende Abendrot tauchte die Szenerie in ein fast übernatürliches Licht.

Plötzlich begann es über den Bergen zu blitzen. Pechschwarze, riesige Wolken zogen näher, und ein kräftiger warmer Wind kam auf. „Wenn ich erkannt habe, dass alles fließt, muss ich mich dann nicht selber als Fluss begreifen?", fragte ich mich...

Ich ließ mich von der Silhouette des Waldes hoch oben in den Bergen durchdringen, schwamm davon mit dem Fluss, ließ mich gefangen nehmen von den Rhythmen der *Tabla* und begriff das Zusammengehen der Flüchtigkeit des Augenblicks und der Ewigkeit.

Wie hatte es so weit kommen können, dass ich alles, was existiert, wieder als selbstverständlich hingenommen hatte? Vor zweieinhalb Jahren, auf meiner letzten Indienreise, hatte ich begriffen, was es heißt zu leben, und hatte es dann wieder vergessen. Ich hatte erfahren, was wirkliches Glück ist, hatte gelernt, den Augenblick mit dem letzten Winkel meines Seins auszukosten. Dieses Glück des Augenblicks erschien mir so zerbrechlich wie das Leben selbst – dünnwandig wie eine Seifenblase, nicht zu greifen, nur zu erleben. Hatte ich wieder nach Indien fahren müssen, um mir dessen wieder bewusst zu werden? Und warum hatte ich gerade hier, wo Armut, Krankheit und Tod die ständigen Begleiter eines Großteils der Menschen sind, dieses intensive Gefühl, wirklich zu leben?

Schon fielen die ersten schweren Tropfen. Kreischend und kichernd drängten die Menschen die Stufen empor. Es war kaum möglich, schnell an seine Schuhe zu kommen, die man beim Betreten der *Ghats* hatte abgeben müssen. Etwas verwirrt, aber dennoch lachend, stand ich barfuß im Platzregen. Nur ein paar Europäer blieben versunkenen Blickes auf den Stufen sitzen – gefangen in einer Welt, die ihnen fremd und vielleicht doch so urtümlich vertraut war. Ich selber empfand immer weniger Befremden bei der Teilnahme an mir unbekannten Ritualen, je tiefer ich in die Welt des Hinduismus vordrang. Hinter all den Farben, Glöckchen, Statuen, dem Kreisen der Lichter entdeckte ich dieselben urmenschlichen Träume, Sehnsüchte, Ängste wie hinter mir vertrauten Ritualen. Waren sie nicht alle Ausdruck dessen, was der Mensch auf sich nimmt, um zu jenem Ursprung vorzudringen, der uns alle verbindet?

Auffahrt zu Uma

Nach einer weiteren Woche und einem Besuch in der *Jhill-mill Gufa* bei Yamuna fühlte ich mich bereit für die Fahrt zu Uma. Ich packte meine Sachen, verabschiedete mich von den Menschen, die ich kennen gelernt hatte und wanderte eines frühen Morgens zum Rikshastand in Laxman Jhoola. Es goss in Strömen. Ich nahm eine Riksha nach Rishikesh Market und von dort ebenfalls eine zu einer einen Kilometer entfernt liegenden Kreuzung, von wo aus morgens Jeeps nach Dehra Dun losfuhren. An der Kreuzung standen einige Jeeps mit offenen Türen. Es war jedoch nicht auszumachen, welche der Männer in den umliegenden *Chaishops* die Fahrer waren. Ich konnte mir ausrechnen, dass es mindestens eine halbe Stunde dauern würde, bis sich genug Passagiere für einen vollen Jeep gefunden hatten. Ich hatte nicht mehr viel Zeit: Man hatte mir gesagt, dass der letzte Bus nach Purola in Dehra Dun um neun Uhr morgens abfuhr. Es war bereits halb acht. Ich bestellte mir ebenfalls einen *Chai*. Grinsend stellte mir ein junger Mann einen Stuhl hin. Ich setzte mich, ein wenig genervt von den Blicken der Umstehenden und meinen nassen Kleidern. Die vorangeschrittene Zeit rührte mich allerdings nicht sonderlich. Ich hatte mir eine Gelassenheit zugelegt, die man in Indien brauchte und die einem viel Aufregung ersparte. Ich würde schon irgendwie zu Uma kommen – wenn nicht heute, dann morgen. Zehn Minuten später kam eine ganze Familie und es ging los. Hätte der Jeep nicht eine Panne gehabt, wäre ich auch rechtzeitig in Dehra Dun gewesen. Unerwarteterweise hielt ein vorbeifahrender Bus mitten auf der Landstraße an, um uns „Gestrandete" mitzunehmen. In Dehra Dun angekommen, erfuhr ich, dass es möglich wäre, einen Bus nach Vikas Nagar zu nehmen und dort eventuell den letzten Bus nach Purola zu erwischen. Obwohl es in Vikas Nagar keine offizielle Übernachtungsmöglichkeit gab, beschloss ich, das Risiko einzugehen. Ich hatte Glück: Wir erreichten meinen Anschlussbus gerade rechtzeitig. Auf der vordersten Bank war noch ein Platz frei, zu meinem Unglück direkt unter der Stereoanlage, aus der in voller Lautstärke Hindi-Musik tönte. Bald begann die Straße stark anzusteigen und sich in Serpentinen die ersten Hänge emporzuwinden. Die Aussicht auf die Ebene wurde mit jedem Kilometer, den wir an Höhe gewannen, gigantischer. Ich war zunächst sehr müde gewesen, mit einem Augenblick war jedoch alle Müdigkeit verschwunden. Die Temperatur sank bereits merklich. Hinter den ersten Gebirgsketten tat sich eine atemberaubend schöne Terrassenlandschaft vor uns auf. Um uns herum leuchteten golden reife Kornfelder und tief unten im Tal glitzerte der Yamuna-Fluss. Hier und dort waren Menschen zu erkennen, die die Ernte einbrachten, von Zeit zu Zeit auch kleine Siedlungen. Als wir einen kleinen Tempel passierten, hielt der Busfahrer. Die Menschen verbeugten sich, machten eine Geste, die einer Bekreuzigung ähnlich war, und stiegen aus. Sie kamen mit *Prasad*, geweihter Speise, zurück und verteilten es an die Businsassen, die sitzen geblieben waren. Auch ich bekam ein Klümpchen von dem süßen, öligen Zeug. Etwas davon wurde zudem der Göttin dargebracht, die auf dem Amaturenbrett in Form eines Bildes mitfuhr.

Die meiste Zeit begrenzten steil aufragende Schieferplatten die Straße an einer Seite. Sie zeugten von der Mächtigkeit des sich auffaltenden Himalayas. Stellenweise war die Straße in den Fels hineingesprengt, was ihr ein tunnelartiges Aussehen gab. Überall rann das Wasser von dem schimmernden Gestein. Leuchtend grüne Moose sogen gierig die Feuchtigkeit in sich auf und gaben dem zerklüfteten Gestein ein weicheres Aussehen.

Aber großer Gott, die Straße! Immer wieder hatten die Geröllmassen ganzer Hänge die Fahrbahn unter sich begraben.

Hoch oben, steil über diesem Anblick der Verwüstung, ragten Baumwurzeln aus dem nackten Hang wie die Arme eines Ertrinkenden aus dem Meer. Mein Nachbar erzählte mir, die Gebirgsbäche führten zurzeit außergewöhnlich viel Wasser. Mit sich brachten sie kubikmeterweise Geröll. Der Bus kämpfte sich über Schuttberge, schaukelte ächzend von einer Seite auf die andere. Von Zeit zu Zeit streiften wir einen Wasserfall. Lachend versuchten die Leute sich vor dem hereinspritzenden Wasser zu schützen.

Kam uns hupend ein Jeep oder ein anderer Bus entgegen, klammerte ich mich verkrampft an den Lehnen der Vordersitze fest, denn die Straße war schmal, und zwischen uns und dem Abgrund befand sich bestenfalls ein kleines Mäuerchen. An den Stellen, wo die Fahrbahn abgerutscht war, hatte man eine senkrechte Steinmauer aufgeschichtet und die entstehende Senke mit Kies aufgefüllt. Ich konnte zu derartigen Konstruktionen kein sonderliches Vertrauen gewinnen.

Stundenlang fuhren wir hoch oben über der Yamuna entlang. Einmal führte die Straße hinunter ins Tal und überquerte den großen Fluss, dann kletterte sie schnell wieder den Hang empor. Manchmal trafen wir auf Menschen, die zu Fuß unterwegs waren. Die meisten von ihnen trugen große Bündel oder hatten ein Lasttier bei sich, unter ihnen auch viele Kinder. Ihre Züge unterschieden sich bereits deutlich von denen der Menschen in der Ebene. Wir durchquerten ein Gebirgsdorf, in dem ein Fest stattfand. Es war von Fahrzeugen und Menschen völlig verstopft. Zentimeterweise kämpfte sich der Bus vorwärts. Ich beobachtete alles wie gebannt. Die Frauen waren wunderschön. Unter ihren bunten Kopftüchern strahlten freudig erregt ihre Gesichter hervor. Die Augen hatten sie mit tiefschwarzem Kajal umrahmt, Lippen und Wangen mit rotem Lippenstift gefärbt. Endlich näherten wir uns Purola, einer Kleinstadt auf circa tausendfünfhundert Metern. Pinienwälder und Grasmatten hatten Laubwald- und Strauchvegetation abgelöst. Von hier war es nicht mehr weit zu Uma. Eine ungeteerte Straße führte ins acht Kilometer entfernte Merana und von dort ein schmaler Pfad den Berg hinauf zu der Einsiedelei. In Purola erklärte mir der Busfahrer jedoch, ich solle die Nacht dort in einem Hotel verbringen, es sei schon zu spät. Die das Auto bestürmenden Menschen im Hinterkopf sowie den Gedanken, dass es bestimmt nicht häufig Europäer nach hier oben verschlug, lehnte ich bestürzt ab. Noch vor Einbruch der Dunkelheit wollte ich bei Uma ankommen. Ich bat ihn um Hilfe, mir einen vertrauenswürdigen Jeepfahrer zu organisieren. Man sagte mir, es führen jetzt keine Jeeps mehr, es seien nicht mehr genug Leute da, die nach Merana wollten.

Das kannte ich bereits: In Indien durfte man so eine Aussage nicht einfach schlucken. Man musste vielleicht noch drei Mal nachfragen, dann war alles plötzlich gar kein Problem mehr. Ich wusste außerdem, dass es zwar Glückssache war, einen Jeep zu bekommen, nicht aber, wenn ich den ganzen Jeep mietete. So biss ich in den sauren Apfel und erklärte, ich nähme ein Fahrzeug alleine. Man nannte mir einen viel zu hohen Preis, den ich noch ein wenig herunterhandeln konnte, allerdings nicht viel – schließlich wusste der Fahrer, dass ich auf ihn angewiesen war. Ich hievte mein Gepäck in das herbeigefahrene Auto, angestarrt von den vielen Menschen, die um mich herum standen, und war froh, als der Ort hinter uns lag. Die Straße, die wir nun entlangfuhren, konnte eigentlich nicht mehr als Straße bezeichnet werden. Sie glich eher einer mit Schlaglöchern versehenen Sandpiste. Nach ungefähr zehn Minuten erreichten wir eine Ansammlung von Häusern – Merana. Neugierig beäugt von einigen herumstehenden Männern und Kindern stieg ich aus. Nun hieß es nur noch den Weg zu Uma zu finden. Da tauchte ein etwa vierzehnjähriger Junge aus der Menge auf. Er hatte den offensten und strahlendsten Gesichtsausdruck, den ich bei einem Jungen seines Alters je gesehen hatte. Er wechselte ein paar Worte mit dem Fahrer, der mir erklärte, der Junge könne mich zu Uma hochführen. Ich nahm dankbar an. Wir verabschiedeten uns und machten uns auf den Weg – weg von den starrenden Menschen. Dinesh, so hieß der Junge, führte mich im Eilschritt über den kleinen Bach im Tal und auf der anderen Seite den Berg empor. Als er mich vor Anstrengung keuchen sah, wollte er mir unbedingt einen Teil meines Gepäcks abnehmen. Er sagte während des gesamten Aufstieges kaum ein Wort, wenn er sich jedoch umdrehte, strahlte eine solche Freude und Wärme zu mir herüber, dass ich mich sofort willkommen fühlte. Endlich entdeckte ich hinter einer Wegbiegung am oberen Ende des Hanges ein kleines flaches Steinhaus. An Erbsen- und Bohnenfeldern vorbeistiefelnd, hörte ich das Bellen von Hunden. Drei Männer standen auf der Terrasse und blickten uns entgegen. Der eine war Dineshs Vater. Ich vermutete, dass er derjenige Bruder Baldevs war, der der Sannyasi mit seiner Frau und seinen drei Kindern zur Hand ging. Der Mann zeigte mir das Zimmer, in dem ich schlafen würde – ein Gästezimmer, in dem zwei große Truhen standen, auf der einen lag eine Matratze. Der Duft von Räucherstäbchen mischte sich mit dem Geruch von Hundeurin. Sofort entdeckte ich die Götterfiguren auf der kleinen Ablage am Fenster. Dunkel und unbewegt standen sie da. Um den Hals des tanzenden Shiva hing eine vertrocknete Blütenkette. Neben der Statue erkannte ich einen *Lingam*, Phallus-, Fruchtbarkeits- und Einheitssymbol, an dem ein buntes Götterbild lehnte. Es war nicht das einzige: Zahlreiche weitere vergilbte Exemplare zierten die graue Betonwand.

Vermutlich hätte mich all dies befremdet, wenn ich nicht gewusst hätte, dass hinter der Vielheit der hinduistischen Götter der Allgott, die ewige Einheit, verehrt wird. Im Gegensatz zu dem unglaublich engen Netz sozialer Verhaltensvorschriften gewährt der Hinduismus eine nahezu schrankenlose Freiheit in Glaubensdingen. Er vereint Monotheisten, Polytheisten, Pantheisten, Agnostiker und gar Atheisten unter seinem Namen und verlangt von den Hindus lediglich den Glauben an die Wiedergeburt und an *Dharma*, das Weltgesetz, bzw. – in engerem Sinne – das praktische Bewusstsein von gerechtem Handeln, das durch *Karma*, der Handlung selbst bzw. dem Gesetz von Ursache und Wirkung, reguliert wird. Die abbildbaren Götter existieren für die Hindus „diesseits der Welt", sind also ebenfalls erschaffene Wesen und somit dem Menschen in seinen Handlungen und seinem Wesen gar nicht so unähnlich. Hinter der Vielzahl der hinduistischen Götter hatte ich alle denkbaren allgemeinmenschlichen Züge entdeckt. Für jedes Gemüt, jede Sorge scheint es einen passenden Gott zu geben.

Umas Favorit unter den Göttern schien Shiva zu sein. Shiva stellt nicht nur den kosmischen Tänzer, sondern auch den Erzasketen – den *Mahayogi* – und die Versöhnung der Gegensätze dar. Er entstammt der dravidischen Kultur und ist besonders in Tamil Nadu äußerst beliebt. Seine Gemahlin heißt in einer ihrer Inkarnationen Uma. Uma, Durga, Devi, Gauri – wie auch immer man sie bezeichnet: Sie repräsentiert die ewige Kraft der Natur, die gebiert und wieder zerstört.

Eine unerwartete Situation

Nachdem ich mich umgeschaut und mein Gepäck abgelegt hatte, setzte ich mich auf eine Holzbank, die man mir auf die Terrasse gestellt hatte. Vor meinen Augen lag Umas Garten. Ich hatte das Gefühl, dass sie Deutschland nicht ganz hinter sich gelassen hatte: Da blühten Geranien und Wicken, wuchsen Petersilie, Sellerie und Erdbeersträucher, und im Hintergrund bellten immer noch die Hunde. *„They think you're Uma"*, meinte Dinesh lachend. Ich erfuhr, dass sie versuchte, sich mit der Hundezucht über Wasser zu halten, dass die Hunde, deutsche Schäferhunde, ihr ein und alles waren. Der Junge hatte mir einen Becher frischer, heißer Kuhmilch gereicht, den ich nun in kleinen Schlucken genoss. Riesige Wolken hatten die Gipfel der fernen Fünftausender bedeckt und leuchteten nun in einem übernatürlichen Rotgelb. Dann wurde es schnell dunkel, und ein großer weißer Vollmond stieg hinter dem gegenüberliegenden Hang auf. Oben am Waldrand hörte man leise eine Quelle plätschern. Was für ein Frieden! So saß ich schweigend da und wartete auf Uma. Hatte sie sich vielleicht zur Meditation zurückgezogen? Als Dinesh mir dann plötzlich erklärte, ich könnte Uma morgen anrufen, war ich doch etwas überrumpelt. *„She is not here!"*, fragte ich überrascht. *„Uma is in Punjab – Gurupuja"*, antwortete der Junge strahlend. – Uma war also Hunderte von Kilometern von uns entfernt? Und was für eine *Gurupuja*? Ich musste ganz schön schlucken. Dinesh erklärte mir, sie habe ihm aufgetragen, sie sofort anzurufen, wenn ich käme. Nun wurde mir erst bewusst, wie dumm und unhöflich es gewirkt haben musste, dass ich schweigend und erwartungsvoll dagesessen hatte, ohne mich sonderlich für meine Gastgeber zu interessieren. Von der Terrasse aus sah ich, dass unten in der Küche, einem rußgeschwärzten Bretterverschlag, Feuer gemacht wurde. Die Männer schienen das Essen zuzubereiten. Dinesh kam auch. Ich ging hinunter und fragte, ob ich mich dazusetzen dürfte. Die Männer nickten und machten mir auf einer kleinen Bank Platz. Von dort aus hatte ich, wenn ich mich umdrehte, einen Blick auf Obstbäume, Pinienwälder und das Tal.

Es war sehr still. Nur das Knistern des Feuers und das Klatschen der *Chapatis*, Weizenmehlfladen, in den Händen der Männer war zu hören. Ab und zu murmelte einer von ihnen ein paar Worte auf Hindi. Alle drei hatten wettergegerbte, verschlossene Gesichter und tiefe, rauhe Stimmen. Ohne Uma befand ich mich in einer unerwarteten Situation und fühlte mich auch nicht ganz wohl, dennoch sprach aus den Augen der Männer Wohlwollen, sogar Schüchternheit. Ich brauchte nichts zu befürchten. Sie strahlten eine große Ruhe aus, die mir nach dem langen, hektischen Tag gut tat und auf mich überging. Dineshs Vater fragte, wo ich essen wolle, und bot mir an, die Mahlzeit aufs Zimmer zu bringen. Ich bat darum, in der Küche bleiben zu dürfen. Die Männer nickten, oder besser gesagt, wackelten auf die Weise mit dem Kopf, die bei den Indern Ja bedeutet, uns jedoch eher wie Nein erscheint. Sie aßen allerdings nicht mit mir, was in Indien einen Statusunterschied bzw. Respekt ausdrückt. Als ich eine Chilischote achtlos hinter mich warf, weil sie mir zu scharf war, schauten sie mich entsetzt an. *„God's gift!"*, murmelte Dinesh. Niemals dürfe man eine Gottesgabe achtlos wegschmeißen. Wenn man sie mit Ehrfurcht behandle, ginge es einem auch später gut. Ich war betroffen. Beschämt machte ich mich auf den Weg ins Bett. Da es hier oben keinen Strom gab, sollte ich schnell lernen, mich dem Rhythmus der Natur anzupassen. Ich fiel sofort in einen tiefen und traumlosen Schlaf. Am nächsten Morgen wurde ich vom Gebell der Hunde geweckt. Dinesh brachte mir ein Glas frischer Kuhmilch. Ich hatte starke Kopfschmerzen – vermutlich aufgrund der ungewohnten Höhe, in der ich mich befand. Gegen Mittag machte ich mich mit dem Jungen ins vier Kilometer entfernt gelegene Purola auf, um Uma per Telefon zu benachrichtigen. Wir wanderten an terrassenförmig angelegten Feldern entlang, auf denen Frauen und Kinder rasteten. Eine Zeit lang folgte uns kichernd und tuschelnd eine ganze Horde kleiner Rotznasen. In Purola verschwand Dinesh eilig in einem Telefon-Laden. Er erreichte Uma nicht direkt, ließ ihr aber ausrichten, dass ich angekommen war. Wieder zurückgekehrt, brachte er mir Puffreis – eine Kostbarkeit, die seine Mutter zubereitet hatte: *„You like this!"* – Ich freute mich über diese Geste der Gastfreundschaft und nahm dankbar an. Bot ich meine Hilfe in der Küche an, antwortete der Vierzehnjährige lächelnd: *„No, you are my guest."* Aus seinen Erzählungen ging hervor, dass er Uma abgöttisch liebte. Sie hatte scheinbar erkannt, dass in diesem Jungen etwas Besonderes steckte. Sie brachte ihm Englisch bei und förderte ihn nach all ihren Kräften. Dinesh war sehr lernbegierig, hatte jedoch schlechte Lehrer und demotivierte Klassenkameraden. Er träumte davon, nach Beendigung der Schule, das hieß mit sechzehn Jahren, in den Regierungsdienst zu gehen. Beamtenjobs waren in Indien sehr begehrt, da sie Sicherheit und ein relativ hohes Gehalt versprachen. Dies war die einzig reelle Chance, diesem Dorf zu entkommen, das ihn kaputtmachte, krank machte – jetzt schon. Alkoholismus und Kriminalität prägten hier den Alltag.

Am nächsten Tag ging es mir gar nicht gut. Ich hatte nur ein Glas Milch getrunken und fühlte mich todmüde. Von Magenkrämpfen und Gliederschmerzen geplagt, lag ich im Bett. Ab und zu setzte ich mich an den kleinen Tisch im Zimmer, um zu schreiben. Um drei Uhr nachmittags glaubte ich, es nicht mehr auszuhalten. Völlig geschafft lag ich da und konnte mich kaum noch rühren. Die Toilettengänge wurden zur Nervenzerreißprobe, da man, wollte man zur Toilette, das Zimmer durchqueren musste, in dem fünf der Hunde eingesperrt waren. Jedes Mal war es ein Kunststück für sich, sich zu den fünf kläffenden Riesentieren in den Raum zu quetschen, ohne dass sie ins Freie entwischten, ins angrenzende Klo zu gelangen, ohne umgerissen zu werden, die Tür mit allerlei Gegenständen zu verbarrikadieren, damit die Hunde einem nicht nachkamen, diese Tür anschließend von außen zuzuketten und zu guter Letzt wieder aus dem Gebäude zu gelangen, ohne dass die Hunde ins Freie entwischten.

Schließlich entschloss ich mich, Dinesh um etwas zu essen zu bitten, musste aber feststellen, dass er mit den Kühen verschwunden war. Wie konnte es sein, dass diese Menschen bei den wenigen Kalorien, die die Mahlzeiten hatten, neun Stunden ohne Essen auskamen und dabei noch hart arbeiteten? Dies fühlte sich nicht gerade nach „Subsistenzidylle" an. Ich machte an diesem Abend noch eine recht ernüchternde Erfahrung. Einer der Männer sah, wie ich eine Lache Hundeurin wegwischen wollte. Kopfschüttelnd nahm er mir den Lappen aus der Hand und gab mir zu verstehen, dass dies nicht meine Aufgabe sei. Dinesh erklärte: „This man says, we are only working people, you are writing people."

Das Kastensystem spielt in Indien bis heute eine wichtige Rolle. Viele Menschen setzen gutes Handeln mit kastenkonformen Handeln gleich.

Das Kastendenken basiert auf dem Konzept des *Dharma*, des Weltgesetzes. Nach Auffassung der Hindus wird der Kosmos, der als integrales Ganzes gesehen wird, von jenem Weltgesetz beherrscht. An der Spitze dieser Weltordnung, in die auch Pflanzen und Tiere integriert sind, stehen die Menschen, die aufgrund ihrer vorherigen Leben und damit der aktuellen Tätigkeit und Lebensführung nach die größtmögliche Reinheit besitzen und damit den Göttern am nächsten stehen. Das sind in Indien die *Brahmanen*, die Priester. Nach ihnen kommen in dieser Rangordnung die *Kshatriyas*, die Krieger, darauf folgen die *Vaishyas*, die Händler, und an unterster Stelle die *Shudras*, die Bauern. Diese vier Hauptkasten sind in Tausende von Unterkasten aufgespalten.

Früher bezeichneten Begriffe wie *Brahmane, Kshatriya, Vaishya und Shudra* nichts als bestimmte Berufe. Ein Brahmane war schlicht und einfach ein Gelehrter. Jeder übte die Tätigkeit aus, zu der er am besten geeignet war. Erst später verfestigten sich die gesellschaftlichen Strukturen zu dem, was sie heute sind: Die Geburt bestimmt die Kaste.

Es gibt in der indischen Gesellschaft auch Menschen, die gar keiner Kaste zugeordnet werden, sondern als „Unberührbare" gelten: die *Dalits*, zu deutsch: „die Unterdrückten", wie sich die *Dalits* selber nennen. Zusammen mit den *Adivasis*, der Urbevölkerung Indiens, die meistens in den abgelegenen Regionen der Mittelgebirge leben und deren Kultur kaum etwas mit der „indoarischen" gemeinsam hat, bilden sie eine große Bevölkerungsschicht, die noch heute in weiten Teilen Indiens unter großer Diskriminierung leidet – obwohl man versucht hat, ihre Situation durch ein Quotensystem in der Beamten- und Studienplatzvergabe zu verbessern. Eine christliche Schwester hatte einmal zu mir gesagt: „Hindu-Religion ist das Monopol der Brahmanen, und alle hohe Philosophie ist damit verbunden."

Viele *Dalits* und *Adivasis* treten heute zum Christentum über. Mit einem geschundenen, ihr Leid teilenden Herren können sie sich besser identifizieren als mit einem System, das sie als weniger wert als manche Tiere betrachtet.

Teil II – Die Eremitin

Uma

Am anderen Morgen kam Dinesh gegen sieben Uhr mit strahlendem Gesicht ins Zimmer gestürmt: *„Uma is coming!"*

Im Augenblick war aller Schmerz vergessen. Ich warf mir schnell ein paar Kleider über und lief ins Freie. Die Luft war klar und frisch wie nach einem Regenguss. Morgendliche Nebelschwaden stiegen aus dem Tal empor, doch der schmale Pfad, der hinauf zur Hütte führte, lag bereits im Sonnenlicht. Von dort oben sah ich, wie sich drei Gestalten den Berg emporkämpften. Zwei Männer begleiteten Uma. Sie trugen das Gepäck. Ich war voller Spannung, endlich die Frau vor mir zu haben, die ich seit so langem kennen lernen wollte, verspürte ihr gegenüber jedoch so viel Respekt, dass ich nicht gleich auf sie zulief. Als sie dann auf ungefähr zwanzig Meter an uns herangekommen war, sah ich, wie überanstrengt sie war. Sie musste immer wieder kleine Pausen machen, in denen sie müde zur Hütte aufschaute und Laute der Erschöpfung von sich gab.

Sie sah zerbrechlich aus wie eine Fee, trug zwei lange Zöpfe, die ihr bis auf die Hüfte reichten. Erste graue Strähnen durchzogen ihr Haar. Auf ihrem dünnen Körper trug sie einen *Punjabi*, ein knielanges Gewand, das zu einer an den Knöcheln eng zulaufenden Plunderhose getragen wurde, und eine orangefarbene Windjacke, die sehr europäisch aussah. All dies bemerkte ich jedoch nur am Rande. Am meisten fesselte mich Umas Gesicht. Es schien so offen zu sein, als könne ich die Welt daraus ablesen. Ihre Züge hatten einen eigenartig staunenden Ausdruck. Immer wieder hielt sie plötzlich inne, als entdecke sie die Welt um sich herum gerade neu.

Sie wirkte fast wie ein Kind, aber ihre kleinen, unter Schlupflidern hervorblinzelnden Augen waren von kleinen Fältchen umgeben. Es waren diese Augen, die das wettergegerbte Gesicht ganz einnahmen.

Als Erstes widmete sich Uma ihren sieben Schäferhunden, die wie irre kläfften und an ihren Leinen zogen. Einige von ihnen waren nicht angebunden und warfen sie mehrere Male um. Nachdem Uma sich beruhigt hatte, begrüßte sie mich und fragte mich nach meinem Befinden. Dann galt ihre ganze Sorge den übrigen zurückgelassenen Tieren und den Pflanzen. Man merkte ihr trotz aller Wiedersehensfreude jedoch die bittere Enttäuschung über die Verwahrlosung der Tiere und des Grundstückes an: So sei es jedes Mal, wenn sie zurückkehre.

Von der Stunde ihrer Ankunft an ruhte sie nicht mehr, bis alles wieder einigermaßen instand gebracht war. Sie mistete den Stall ihrer Holsteiner Kuh und der Punjab-Ziegen aus, putzte den unerträglich stinkenden Hundezwinger, schleppte Kübel die Hänge hinauf und hinunter, rupfte Unkraut, kümmerte sich um die Reparatur des Wasserschlauches, der zur Bewässerung des Grundstückes diente, und all das, obwohl sie am Ende der langen Reise eine zermürbend kalte Nacht auf dem Betondach eines Hauses im Tal verbracht hatte. Sie überwachte aufmerksam das Geschehen, gab Anweisungen und beklagte sich lautstark mit schriller Stimme, wenn ihr etwas missfiel – in einer Mischung aus Hindi, Englisch sowie einigen wenigen Brocken Deutsch mit fränkischem Akzent. Sie erzählte mir, sie fühle sich in ihrem Kampf um die Selbstversorgung häufig im Stich gelassen. Die Arbeiter liefen ihr davon, da sie ihnen nicht genug zahlen konnte.

Sinn für Humor

Da mein gestresster Magen furchtbar rebellierte, bereitete mir Uma am Nachmittag ein Lebertonic aus kaltem Wasser, Zuckermelasse und einem fünfzehn Jahre alten, noch aus ihrer Höhlenzeit stammenden Zitronenschnaps. Ich mochte diese Kostbarkeit kaum annehmen, willigte auf Umas beharrliches Zureden hin dann aber doch ein. Zunächst brachte sie jedoch mit sichtlicher Freude die Masse von Fliegen mit einem Giftspray um, die mich, wie ich da auf dem Bett lag, piesackten, und bedachte mich anschließend auch mit ein paar Salven. – Das schade mir nichts! Ich wunderte mich ziemlich, doch was lachte ich an diesem Nachmittag trotz meiner anhaltenden Magenkrämpfe! Uma hatte eine unbeschreibliche Komik in dem, was sie erzählte.

Nachdem wir die Beine der Bienen, die zuvor in der Zuckermelasse verendet waren, herausgesiebt hatten, genossen wir gemeinsam das eigenartig, aber doch irgendwie wohlschmeckende Getränk der Einsiedlerin – und wurden ziemlich heiter dabei. Die Stimmung stieg, als Uma eine ihrer höchst skurrilen Erlebnisgeschichten preisgab: Zwei Jahre, bevor sie die Höhle verließ, bereitete ihr ein Nierenstein derartige Schmerzen, dass sie operiert werden musste. Freunde aus Deutschland finanzierten ihr den Flug in das Heimatland sowie die Operation, die in Singen vorgenommen wurde. In der Wartehalle des Flughafens von Delhi fiel ihr ein *Lama* – „ein buddhistischer Heiliger" – auf und sie offenbar ihm. Immer wieder begegneten sich ihre Blicke. Sie dachte sich, er müsse ein großer Lama sein. Dass es der Dalai Lama war, der zusammen mit der Königin von Bhutan unterwegs nach London war, ahnte sie allerdings nicht. „Ich trug ein *Sandelmala*, also eine Kette aus duftenden Sandelholz-Sägespäneblüten, ansonsten nur einen Pulli, Hose und Kopftuch", erzählte sie. „Aber komisch, man erkennt sich doch irgendwie. Bei der Passkontrolle verbeugte ich mich vor ihm, er sich vor mir. ,Was für ein wunderbarer Duft!', bemerkte er auf meine Sandelholzkette Bezug nehmend und lächelte mich strahlend an. Dann sagte er, ich sei ein *Tulku*, ein wiedergeborener Lama. Ich wusste damals gar nicht, was das ist. Da mischte sich die Königin von Bhutan ein: ,Was Sie den Leuten immer erzählen! Woher wollen Sie das so genau wissen?'

Als er im Flugzeug noch einmal an mir vorbeilief, warf ein Betrunkener neben mir seine Bordkarte hinunter und behauptete, es sei meine. Nachdem ich mich gebückt hatte und wieder aufschaute, war der Dalai Lama schon an mir vorbeigelaufen. – Wenn ich gewusst hätte, dass das der Dalai Lama ist! Ich hätte zu ihm hinlaufen sollen! In Moskau stieg er nach London um, ich nach Frankfurt. In Landshut erklärte mir meine buddhistische Freundin dann, was ein *Tulku* ist, und ich sah im Fernsehen einen Bericht über die Europareise des Dalai Lama.

Im Krankenhaus in Deutschland ereignete sich dann Folgendes: Ich hatte damals noch *Chattas*, die mir bis in die Kniekehlen reichten. Ich trug sie aber meistens in einem dicken Knoten wie einen Turban auf dem Kopf. Als ich nun operiert werden sollte, hat die Krankenschwester gesagt: ‚Setze se de Hut ab!' Ich hab mich nicht gerührt, da wurde sie ungeduldig: ‚Ja, ist der Hut denn immer noch nicht runter? Sie können doch nicht mit dem Hut in den OP!' Da hab ich den Riesenknoten gelöst, so dass die *Chattas* wie ein Vorhang herunterfielen. Die arme Schwester war völlig verdattert. ‚Ja, sind das Haaaare?', fragte sie und beugte sich vor, da sie ihren Augen nicht trauen konnte."

Sie wollte sich ausschütten vor Lachen bei dieser Erinnerung. Hätte ich mir so eine Yogini vorgestellt, die mehr als zwanzig Jahre in einer Höhle gelebt hat?

Aus einer längst vergangenen Zeit

Am zweiten Tag nach Umas Ankunft ging ich mit Gangaram, jenem jungen Mann, der die Sannyasini seit mehr als einem Jahrzehnt in der alltäglichen Arbeit unterstützte, nach Purola, um nach Deutschland zu telefonieren. Als wir zurück nach Merana kamen, war es bereits dunkel. Wir überquerten den Fluss und stapften durch die Wiesen den Weg empor – einem strahlend weißen Mond entgegen. Es duftete nach Kräutern,

Gräsern, Blüten, die sich im Dunkel der Nacht geöffnet hatten. Laut zirpten die Grillen. Bald hatten wir den Bach tief unter uns gelassen, noch immer scholl sein Rauschen zu uns empor. Ich bat um eine Pause, war bereits allzu erschöpft. Gangaram füllte meine Wasserflasche an einer Gebirgsquelle auf. Kaum hatten wir uns ins Gras gesetzt, hörte ich ein Glöckchen, zwei, viele. Dann tönte ein Muschelhorn durch das weite Tal. Der langgezogene, tiefe Ton ging durch Mark und Bein. Unten im Tal glimmten überall kleine Feuer. „Was sind das für Lichter, Gangaram?", fragte ich. „*Puja, people doing Puja*", erklärte er mir. Die Leute ehrten die Götter in genau dem Moment, in dem die Dämmerung des Abends in das Dunkel der Nacht kippte.

Wir setzten unseren Weg fort. Oben, neben dem Häuschen, brannte ein Feuer, daneben steckte ein *Trishul* neben einer Opferplattform. Dort saß Uma und führte die Feuerzeremonie durch. Sie war es auch, die das Muschelhorn geblasen hatte. Im flackernden Feuerschein erkannte man noch eine zweite Gestalt – einen zahnlosen, unrasierten Alten, etwas verschlagen dreinblickend. Es war einer der Arbeiter, die Uma angestellt hatte. Er saß da und schaute Uma zu. Wieder blies sie das Muschelhorn. „Wo hast du das Muschelhorn her?", fragte ich, die abgegriffene Musterung betrachtend. „Das hat mir der Tatwala Baba geschenkt", antwortete sie. Überrascht schaute ich auf. „Tatwala Baba? Ich habe seinen Nachfolger in der Höhle besucht..." „Ja?" Uma schaute traurig auf. „Der Tatwala ... So einen Baba, den findet man in ganz Indien nicht mehr. Schon in der Ashramzeit bin ich immer hoch zu ihm. Der hat mich sehr gerne gemocht. Hat mich immer gefragt, ob ich der Gott Shiva bin, ich soll ehrlich sein. Und ich hab gedacht, dass er der Gott Shiva ist. Über zwei Meter war der groß, hatte *Chattas* bis auf den Boden und einen mächtigen Körper. Ich wäre so gern zu ihm in die Höhle gezogen, aber er hat gesagt, junge Frauen könnte er dort oben nicht gebrauchen. Das sei viel zu gefährlich. ‚Die lassen hier noch nicht einmal die jungen Männer in Ruhe', hat er gesagt. Niemand könne die Verantwortung übernehmen." Ich spürte Umas Traurigkeit und fragte nicht weiter. Sie wechselte auch sofort das Thema: "Kannst des blasen, des Muschelhorn?" "Ich habe es noch nie probiert." "Magst es mal probieren?" "Gerne." Vor ihr im Gras kniend versuchte ich es. Es kam nicht mehr als ein Knattern aus dem Horn. Ich lachte. Uma ermutigte mich, es wieder zu versuchen. "Kannst du Didgeridoo spielen? Das ist wie beim Didgeridoo." "Ja, aber nicht mit zirkulierender Atmung. – Kannst du es mir noch einmal vormachen?" Sie nickte und setzte an. Wieder und wieder hob und senkte sich ihr Brustkorb. Sie spielte für Minuten. Immer, wenn wir glaubten, sie habe zum letzten Mal in das Horn geblasen, und sie ihr Spiel doch fortsetzte, schauten wir uns ungläubig an.

Ich versuchte es dieses Mal mit weiter nach innen gerichteten Lippen. Ein tiefer, intensiver Ton ließ die Luft vibrieren – es hatte funktioniert. Alle klatschten lachend. Auch ich lachte, variierte die Laut- und Blasstärke und spürte, wie mich eine große Energie durchströmte, die von dem Instrument oder eher dem Ton, den es hervorbrachte, auf mich überging. Leicht und frei fühlte ich mich. Der Aufstieg, das Spielen des Instrumentes, das Feuer, die Stimmung des Augenblicks, die Nacht – all dies brachte mich in diesen seltsamen Zustand tiefster Ruhe und höchster Aufmerksamkeit.

Es war das erste Mal, dass ich das Feueropfer so nahe erlebte. Ich sollte es in Zukunft noch öfter erleben, da Uma darauf zu achten schien, dass zumindest einer von ihnen beiden – sie oder Gangaram – jeden Abend die Zeremonie durchführte. Oft blies auch ich das Muschelhorn, und jedes Mal fiel es mir schwer, den heimeligen, vom Feuer erleuchteten Platz zu verlassen. Manchmal ertönte das Horn, wenn Gangaram und ich in der Küchenkate am Feuer saßen. *"Hari Om"*, murmelte er dann und verbeugte sich leicht.

"Was bedeutet es zu opfern?", fragte ich Uma einmal. Sie antwortete, es heiße, wenn man etwas ins Feuer opfere, bringe der Feuergott Agni es zu den Göttern. Er sei der Bote. Daraus erwachse etwas Gutes. Tatsächlich vermengt sich die aufsteigende Asche mit dem Regen, verschmilzt wieder mit der Erde und gibt den Pflanzen Nahrung. Der Feuerkult hat seinen Ursprung in der vedischen Zeit, die ungefähr viertausend Jahre zurückliegt. Viele der vedischen Götter sind die Elemente und die Kräfte der Natur: Himmel, Erde, Feuer, Wasser, Licht, Wind, Sonne, Mond und Morgenröte – heute noch werden Agni, der Feuergott, Surya, der Sonnengott, und Indra, Machthaber über Donner und Blitz, verehrt. Die Menschen, die sie schon damals verehrten, wussten um den Kreislauf der Dinge und die Einheit allen Seins, über die Zusammenhänge zwischen Mikro- und Makrokosmos. Ihre Götter verorteten sie in der diesseitigen Welt. Sie waren ebenfalls dem Kreislauf von Aufsteigen und Niederfallen unterworfen. Rückgrat jener alten Religion war das Opfer. Man glaubte, die Priester könnten die Götter durch die magischen Formeln des *Rig Veda* in deren Willen beeinflussen, woraus ihre bevorzugte Stellung in der Gesellschaft erwuchs. Von ihnen, so glaubte man, hingen Gedeih und Verderben der Ernte ab. Irgendwann wurden die alten Verse in eine schriftliche Form gebracht:

In den nördlichen Wäldern lebten jedoch Asketen und Seher, die sich mit den erstarrten Formelsammlungen nicht zufrieden gaben. Immer größer wurde der Wunsch, wahrhaft zur Einheit alles Existierenden vorzudringen. Hinter den Göttern der diesseitigen Welt, war man sich einig, müsste noch etwas Größeres liegen, das sich vielleicht am besten mit dem „Urgrund allen Seins beschreiben" ließe. So schufen diese Männer – vermutlich ab dem achten Jahrhundert vor Christus – die *Upanishaden*, die so genannten „Geheimlehren". In ihnen kommen zum ersten Mal die Gedanken von Seelenwanderung, *Karma, Brahman* und *Atman* zum Ausdruck, über die ich in den nächsten Tagen noch einiges erfahren sollte.

„An understanding heart"

In den ersten Tagen führte mich Uma durch ihren Garten: Nie zuvor hatte ich einen Garten gesehen, in dem so viele verschiedene Dinge auf einmal wuchsen. Ich sah blauen Kohlrabi, essbaren Farn, wilde Feigen, lernte, Zitronen-, Mandel- und Granatapfelbäume auseinander zu halten, bewunderte Dutzende verschiedener Blumenarten, roch Moschuswurzel, probierte grünen Spargel und vieles mehr. Zu anderen Zeiten baute Uma auch Tomaten, Zucchini, Salat und Mangold an. Manchmal gab es sogar Kartoffeln. Überall hatten sich irgendwelche Gemüsesorten wild eingesät: Direkt an der Betonkante der Terrasse wuchs ein Rettich, und an einem Apfelbaum rankten Gurkenpflanzen hoch. Mit Uma zusammen entkrautete ich Lauch- und Gladiolenbeete, pflanzte Paprikaschößlinge. Ich lernte, wie man Aprikosen- und Birnbäume veredelt, lernte, Gurken dick und sauer werden zu lassen, um gute Kerne für die nächste Aussaat zu bekommen, und neben all dem berichtete mir die Eremitin von leckeren Rezepten und Gewürzzusammenstellungen – obwohl sie selbst kaum etwas aß. Es gab jeden Tag frisch gegrillte Maiskolben zu essen, die Maisernte hatte begonnen. Ich versprach, bei meinem nächsten Besuch Stachel- und Johannisbeeren, Grün- und Rotkohl, Maiglöckchen und Flieder mitzubringen. Der alten Frau fielen immer mehr Dinge ein, die sie gerne in ihrem Garten gehabt hätte. So träumte sie beispielsweise vom Weinanbau und bat mich, auch ein paar gute Reben mitzubringen. Ich erlebte sie als leidenschaftliche Gärtnerin, die ihre Pflanzen wie Kinder behandelte. Sie sprach mit ihnen und war tief bekümmert, wenn eine von ihnen „hinüber" war. Wasser bekam sie aus einer Quelle am Hang oberhalb des Hauses. Sie leitete es durch einen Schlauch, der bereits völlig durchlöchert war, auf ihr Grundstück. Besonders gutes Trinkwasser bekam man aus einem Gebirgsbach ungefähr hundert Meter vom Haus entfernt. Verborgen unter dichtem Farn rauschte er durch eine Schlucht ins Tal hinunter. Der

Platz war so friedlich, dass er sich besonders gut zur Meditation eignete. Hier saß sie manchmal, aber nur selten. Ein Leben als Bäuerin, die von der Selbstversorgung lebte, ließ solche Ruhestunden kaum zu.

Während jener ersten Gartenführung zeigte Uma den Hang hinunter auf einen knochigen alten Baum und sagte: „Schau dir diesen Baum an, wie er da steht. Den wollt der Gangaram umhacken. Furchtbar, furchtbar! Ich weiß auch nicht, wie die Menschen so was machen können! Mit viel Geduld und Spucke hab ich ihn davon überzeugt, dass man keinen Baum umhacken darf. Stacheldraht hammse rumgemacht. Der Arme! – Weißt du, Swamiji hat immer gesagt, du brauchst ‚an understanding heart', ‚ein verstehendes Herz'. Ein weltlicher Mensch sieht einen Baum und denkt sich: ‚Wenn ich den abhacken und verkaufen würde, hätte ich so und so viel Geld.' Ein Mensch, der sich verändert hat, würde sagen: ‚Oh, der schöne Baum. Der steht Tag und Nacht, bei Wind und Regen, bei Hitze und Kälte, der steht da und betet. Er ist ein Eremit. Er ist ein lebendes Wesen. Eine Gottheit wohnt in dem Baum. – Die auch helfen kann!' Verstehst du? Diese Menschen haben eine ausbeuterische Ansicht! – Das ist furchtbar! Die Ausbeutung von Menschen, Tieren und Umwelt ist das Schlimmste, was es gibt!" Sie seufzte und fuhr fort: „Weißt du, die Menschen wollen nur Sinnengenuss. Für die Sinne wollen sie alle Genüsse haben. Und denken dabei nur an sich. Und da kommt dann so etwas Zerstörerisches heraus." „Es ist schwierig für mich, zu glauben, dass man die Sinne abtöten muß, um weiterzukommen. Ich denke, dass uns die Sinne nicht umsonst gegeben sind – frage mich sogar, ob man nicht gerade durch die Sinne sehr starke Erlebnisse des Begreifens haben kann", gab ich zu bedenken. „Ja, weißt du, als gewöhnlicher Mensch sind die Sinne schon wichtig", erwiderte Uma. „Sie müssen aber sublimiert – verfeinert – werden, alles muss sublimiert werden. Die Lebenseinstellung muss verändert werden."

Ich fragte mich, wie es zu so einer „ausbeuterischen Gesellschaft" hatte kommen können. Lag es vielleicht an jener

Art von Denken, die mit jedem Atemzug die Trennung zwischen Individuum und Kosmos vollzog? Und wie hatte es zu dieser Art von Denken kommen können? – *„Macht euch die Erde untertan!"*, dachte ich mir. Lag nicht der Schlüssel im Wieder-klein-Werden? Hatten wir im Westen nicht vollkommen verlernt, Demut zu empfinden – Demut und Ehrfurcht vor dem Geheimnis des Lebens, der Schöpfung? War dies nicht der entscheidende Grund, warum wir keinen Bezug mehr zum Göttlichen bekommen? Wir trugen die Nase hoch, glaubten, mit unserer Wissenschaft alles rational-funktionalistisch erklären zu können, vertrauten nur noch auf uns selbst und unseren Körper, jenem Teil unserer menschlichen Erscheinung, mit dem wir uns am meisten identifizieren.

Eine Ärztin aus Würzburg hatte einmal zu mir gesagt: „In Indien lernt man, wieder demütig zu sein." Tatsächlich gelang es mir, Stück für Stück die stolze Rüstung westlichen Denkens abzulegen und wieder klein zu werden, mich als kleines Eingefügtes zu sehen. Wie gut es tat, loszulassen, wieder wahrzunehmen, ohne alles sofort analysieren und kategorisieren zu wollen! Es war ein langsamer Lernprozess, aber ich hatte das Gefühl, die Welt um mich herum neu zu entdecken, was in mir wahre Hochgefühle verursachte. Es war schon komisch! Ich war dabei, etwas zu lernen, was ich als Kind eigentlich schon – oder noch – gehabt hatte. Dann hatte man begonnen, mir die Welt zu erklären, an und für sich nicht schlecht, aber eben bedingt. Immer stärker glaubte ich, die Welt zu verstehen, die Dinge unter Kontrolle zu haben, dabei verstand ich nichts.

Die Heilerin

In der ganzen Gegend war Uma als Heilerin bekannt. Die Leute kamen mit allerlei Beschwerden zu ihr, auch von weit her. Sie riefen sie auch zu sich, baten sie, Heilung herbeizuführen, wo die Ärzte aufgegeben hatten. Zum einen glaubten die Leute an ihre heilenden Kräfte, da man ihr spirituelle Größe zusprach – sie für eine Frau hielt, die Gott sehr nahe stand. Zum anderen besaß Uma schlicht und einfach traditionelles heilerisches Wissen sowie eine ganze Palette westlicher und ayurvedischer (*Ayurveda* ist die traditionelle indische Medizin) sowie homöopathischer Medikamente. Sie verwendete sie zu gleichen Teilen für Tier und Mensch. Einige Antibiotika, die ihr einmal westliche Traveller hinterlassen hatte, verabreichte sie im Notfall. Hier gehörte Krankheit zum Alltag der Menschen. Es war normal, irgendwelche gesundheitlichen Probleme zu haben, Medikamente waren rar. Not macht erfinderisch, das lernte ich während meines Aufenthaltes bei Uma. Gegen einen Ausschlag, der nicht einmal auf eine Behandlung mit antimyotischer Wirkung anschlug, empfahl sie mir antibiotische Salbe. Die hatte ich nicht dabei. „Du hast doch antibiotische Tabletten", meinte sie verständnislos. „Zerstampf die einfach und vermisch sie mit Creme." Der Ausschlag war nach drei Tagen verschwunden.

Gegen Verbrennungen mischte sie Kaliumpermanganatwasser, und bei starken Blutungen verabreichte sie einen Saft aus Blättern des Guavenbaumes und ließ vom Arzt ein Hämoglobin-Tonic und Blutstillmittel verschreiben. Hatte sie kein Iod mehr, verwendete sie zur Wunddesinfektion Gelbwurz, bei Magenbeschwerden ein Pulver aus Anis und Kümmel oder *Bilva*blättertee. Einmal fügte sie sogar einem Mann seinen zweigeteilten Daumen wieder zusammen. Kinder klärte sie über Hygiene auf.

„Zu spüren, was ein Mensch hat, das ist auch so eine *occult power*, das ist schon eine Gottesgabe", erklärte sie mir. „Es ist wie mit dem Verstehen des Schweigens oder des Windes, auch der Tiere und der Pflanzen, die nicht sprechen können." Sie lächelte vor sich hin. „Nicht nur Menschen sind Ziel des Mitgefühls, auch Tiere und Pflanzen. Man kann zu einem Baum gehen und spüren, der ist heiß, der hat Fieber, da ist überhaupt kein Saft, kein Leben mehr drin. Fühlt man bei einem anderen nach, spürt man den Lebensstrom, die

Kraft in ihm fließen. Oder der eine hat Parasiten, der andere hat Durst."

„Würdest du sagen, du hast so eine Gottesgabe, ich meine, in Bezug auf Heilen?", fragte ich. „Ich würde gerne noch mehr lernen", erwiderte sie nachdenklich. „Vielleicht hat ja jeder das Potential eines Heilers oder einer Heilerin, aber die Fähigkeit ist bei den meisten verkümmert", überlegte ich. Uma nickte bekräftigend.

„Praktizierst du eigentlich auch *Reiki*?", wollte ich wissen. *Reiki* ist eine Heilkunst, die ihren Ursprung in Japan hat, jedoch auch häufig in Indien praktiziert wird. „Eine Schülerin von Omkarananda, die selber *Reiki*lehrerin war, hat mich einmal gebeten, ihr *Reiki* zu geben", erzählte sie. „Sie hatte solche Schmerzen im Bein. Ich hab's einfach versucht, habe meine Hände aufgelegt – und die Schmerzen waren weg." Die Frau war total überrascht und hat gesagt: „Du brauchst wirklich keine Ausbildung mehr, du kannst das ja schon!" „Wie funktioniert das denn beim *Reiki*: Konzentrierst du dich ganz stark auf die Person, der du Energie geben willst?" „Nein! *Du* machst gar nichts. Im Gegenteil: Zuerst einmal muss man ganz weg vom *Ego*. Dann öffnet man sich für die göttliche Kraft, spürt, wie sie durch einen hindurchfließt. Man gibt nicht selber, man wird zum Medium!"

Uma machte auch Fern*reiki*, so auch eines Tages während meiner Zeit bei ihr: In Patiala, sieben Autostunden entfernt, war ein Mann schwer krank. Kein Arzt konnte ihm helfen. Man rief unten im Dorf an, um Uma zu Hilfe zu rufen. Sie zog sich daraufhin zurück, um zu beten und Fern*reiki* zu machen. Später sagte sie, sie spüre, in Patiala sei jemand gestorben. Sie trügen ihn gerade heraus. Tatsächlich war jemand gestorben: Es war allerdings nicht der besagte Kranke, sondern der Großvater der Familie. Sein Sohn saß wohlauf im Bett und aß bereits wieder.

Die Menschen kamen auch mit Tieren zu ihr. Sie schiente gebrochene Beine, verabreichte Spritzen, spülte Wunden, verabreichte Stärkungsmittel. „Wenn einmal ein Tier krank ist, frage ich mich immer: Wenn dir das passieren würde, was würdest du machen? So komme ich immer auf den richtigen Weg!"

„Die wilden Tiere waren meine Beschützer!"

Eines Abends saßen wir in der Küchenkate und bereiteten das Futter für die Hunde vor. Fleisch konnte sich Uma nur selten leisten, so bekamen die Hunde „Hunderotis", in Milch gebröckelte Weizenfladen, zu denen die Einsiedlerin oft noch ein Stärkungsmittel mischte. Es war kalt und hatte geregnet. Draußen war es stockfinster. Wie wir da am knackenden Feuer saßen und uns an Leib und Seele wärmten, ertönte ein lautes Geheul. „Die Wölfe, hörst du das?", fragte Uma. – Wölfe? Ich war sichtlich beunruhigt. „Jaa, die kommen bis in die Küche!", ereiferte sie sich. „Da ham's ma schon mal alles weggefressen!" – Hatte ich nicht schon genug Schauergeschichten gehört?

Uma hingegen schien das nicht besonders Angst zu machen. Sie hatte einen ganz besonderen Bezug zu Tieren. Tagtäglich hörte ich sie von einer Seite des Hanges zur anderen mit ihren Ziegen kommunizieren. Die Tiere antworteten ihr jedes Mal. Taten sich „die Geißen" jedoch einmal an den Blättern der Apfelbäume gütlich, mobilisierte sie mit großem Gezeter die ganze Belegschaft. Lachend verjagten wir die verschreckten Tiere. Auf dem Grundstück gab es auch zahlreiche Tiere, denen ein schneller Tod sicher gewesen wäre, hätte sich Uma ihrer nicht angenommen. Sie liebte Tiere und hatte mir erklärt, sie hätten kein *Klesha*. „Was ist das?", hatte ich wissen wollen. „Wie soll man ‚*Klesha*' übersetzen?", hatte sie überlegt. „Vielleicht inneres Ungleichgewicht, Unkontrolliertheit. Weißte, die haben nicht einmal ein *Wort* dafür!" „Unkontrolliertheit über was?" „Emotionen, Triebe, Wünsche. Zu viel *Klesha* zieht Unglücks- und Krankheitszustände nach sich. Wenn die Menschen innerlich krank sind, werden sie auch äußerlich krank. Deshalb ist doch Shivananda, der erst Arzt war, Sadhu geworden. – Weißt du, die Tiere spüren instinktiv Dinge, die wir nie wahrnehmen können. Man kann sehr viel von ihnen lernen. Sie machen einen auch auf eigene Unachtsamkeiten aufmerksam. Wenn eine Ziege die Pflanzen im Garten abfrisst oder ein Hundewelpe ein Hemd zerreißt, darf man den Fehler nie beim Tier suchen. Man hätte die Pflanze eben besser umzäunen, das Hemd besser weglegen müssen."

„Hattest du eigentlich besonders eindrückliche Erlebnisse mit Tieren?", fragte ich. „Ja, da gibt es eine Geschichte. Es war in meiner College-Zeit in Madras. Unser Studentinnenwohnheim hatte eine Veranda, da saß ich eines Nachmittags mit einer Brahmanenfrau. Ich hatte Nierenkoliken und konnte nichts essen. Die bekam ich, seit ich im Shivananda-Ashram einmal Typhus gehabt hatte. Es gab einen Raben, der täglich kam, wenn ich aß. Er saß auf der gegenüberliegenden Seite des Tellers und hat gepickt. Nur mit mir hat er gegessen, wenn ich etwas auf den Boden warf, hat er's liegen gelassen. Als ich an diesem Tag so dasaß mit furchtbaren Schmerzen, da kam er plötzlich und legte vor mich ein Fischlein aufs Verandageländer. Aber Fisch und Fleisch gelten bei Brahmanen als unrein. Das konnt ich doch vor der Brahmenenfrau nicht essen! Ich ließ das Fischlein also liegen und ging schlafen. – Ich schlief damals nicht in einem Zimmer, sondern im Treppenhaus, da gab's ein Fenster. Wie ich so dalag, hör ich plötzlich Flügelschlagen. Sitzt da der Rabe und legt dasselbe Fischlein aufs Fensterbrett. Hat's noch ein bisschen angepickt, vielleicht um zu gucken, ob es noch gut ist, dann ist er wieder weggeflogen. Am nächsten Tag kam er mit einem Schnabel voll Reis.

Dann gibt es noch die Geschichte von meinem Schäfle. Habe ich dir die noch nicht erzählt?" Ich schüttelte den Kopf. Sie begann zu erzählen: „Also, wenn es im Winter für die Schäferherden im Himalaya zu kalt wurde, kamen sie manchmal bis nach Rishikesh. In einem Jahr ließen sie ein Mutterschaf mit seinem Lämmchen zurück. Singh Rana, mein damaliger Gehilfe, stellte sie mir vor die Tür. Plötzlich hat die Mutter Panik bekommen, ist wie ein Wild davongewetzt, der Herde hinterher. Und das Kleine hat der Mutter hinterhergeschrien, dass es einem durch Mark und Bein ging. Ich war von nun an Mutterersatz, es folgte mir sogar aufs Klo, und nachts musste ich auf dem Boden schlafen. Es hat immer versucht, mir aus dem Ohrläppchen Milch zu trinken und mir einmal sogar die Nackenhaare abgefressen. – Niemals könnt ich Gott lieben wie dieses Tierchen mich! Wenn ich das könnte, wär ich eine Heilige! Singh Rana ist jeden Tag hinunter ins Tal gelaufen, um Milch zu holen. Ich habe das Tier mit einer Nuckelflasche großgezogen. Tagsüber ist es alleine davongelaufen, abends kam es zurück – bis auf einen Abend. Ich habe gesucht, bis es dunkel war – war halb verrückt vor Angst. Nachts habe ich geheult. Erst am nächsten Morgen konnte man wieder etwas machen. Ich habe die eine Bergflanke abgesucht, die Männer eine andere. Wir haben nichts gefunden. Da habe ich mich an den Fluss gelegt und gebetet: ‚Wo ist er nur, wo ist er nur?' Dann habe ich aufgeschaut und die Aasgeier gesehen. Sie sind alle *straight* in eine Richtung. Ich bin ihnen gefolgt, kam zu einer Schlucht, wo es nicht weiterging. An einer Liane habe ich mich rübergehangelt. Noch während ich überlegte: ‚Wie komme ich da bloß runter?' – das war ganz schön steil! – ist ein Stein abgerutscht und in die Tiefe gefallen. Da kam plötzlich ein ganzer Aasgeierschwarm hoch. Dunkle, bedrohliche Vögel mit heiserem Krähen. ‚Da muss etwas sein!', dachte ich mir sofort und suchte mir einen Pfad, der weiter hinten runterführte. Unten fand ich ein Gerippe und wusste sofort: ‚Da ist er, ich hab ihn gefunden. Den hat der Leopard geholt!' Gott, war ich traurig!" „Hast du keine Angst vor wilden Tieren gehabt?" „Die wilden Tiere waren meine Beschützer!" „Was meinst du damit?" „Das erzähle ich dir später einmal."

„Die Welt ist schön allüberall ..."

„Schau dich nur um", bat mich Uma. „Ist sie nicht wunderschön, unsere Erde? Mit all ihren Wäldern, den Flüssen, den Tieren und den Pflanzen? In der Natur sind alle glücklich – die Tiere, die Pflanzen, die Steine – von denen kannste was lernen – nur der Mensch ist unglücklich! Immer die ewige Selbstquälerei und die Quälerei von anderen. Das hat schon der Goethe begriffen: ,*Die Welt ist schön allüberall, wo der Mensch nicht hinkommt mit seiner Qual.*'"

„Warum quält der Mensch denn deiner Meinung nach sich und andere?", fragte ich. „Da gibt es eine Geschichte, die das vielleicht ein wenig verdeutlichen kann", begann Uma. „Sie erzählt, wie Vasishta, ein großer Seher, erleuchtet wurde. Er war der Sohn Brahmas, des Schöpfergottes. Er ging hin zu seinem Vater und fragte ihn: ,Wie hast du denn nur die Welt erschaffen, da gibt es so viel Böses. Das hast du doch sicher nicht gewollt? Wie kommt denn das, kannst du mir das erklären? Der Mensch ist total unglücklich. Das sollte er doch gar nicht. Hast doch alles so wunderbar gemacht und den Menschen auch.' Brahma antwortete: ,Nein das habe ich nicht gewollt, aber wie soll ich dir das erklären?' Da der Sohn drängte, nahm er seinen *Kamandel*, seinen Wassertopf, besprengte ihn mit Weihwasser und sprach ein *Mantra*, damit der Sohn alles vergaß. Da war seine ganze Weisheit und Göttlichkeit verschwunden. So schickte der Vater ihn auf die Erde und trug ihm auf: ,Jetzt versuche herauszufinden, warum der Mensch so unglücklich ist.' Der Sohn ging hinunter und es verging keine lange Zeit, da war er genauso unglücklich wie alle anderen Menschen auch. Brahma sah dies und dachte sich: ,Nein, das ist ganz und gar unmöglich – mein Sohn so unglücklich!' Er rief ihn wieder zu sich, besprengte ihn mit Wasser, damit der Schleier der Unwissenheit, die *Maya*, von ihm fiel. Da atmete der Sohn auf und rief: ,Jetzt weiß ich, warum die Menschen unglücklich sind: Sie haben das EGO entwickelt! Die haben alles vergessen und sind irgendwo hineingerannt, wo sie gar nicht mehr rauskommen. Ich muss etwas tun für die, die da rauswollen! Ich schreibe ein Buch!'" Uma schaute mich an. „Und dieses Buch ist das *Yoga Vasishta*, eines der wichtigsten Werke Indiens. Es heißt auch das große *Ramayana*."

Ich erinnerte mich, dass mir jene Geschichte vom Sohn Brahmas schon einmal erzählt worden war, von Yamuna. Sie hatte sie allerdings aus einer anderen Perspektive erzählt: Der Sohn Brahmas sei auf die Erde geschickt worden, um die Unwissenheit zu erforschen. „Denn wenn du die Dunkelheit nicht gesehen hast, wie kannst du das Licht erkennen?", hatte sie gefragt. Das Wissen sei unvollständig, wenn man nur das Licht gesehen habe. Denn alles, was man in dieser Welt erleben könne, müsse durchlebt und erfahren werden – und zwar in den unzähligen Existenzen, die ein Individuum durchlaufe – das seien bis zur Geburt als Mensch allein 8 400 000 Lebensformen. Deshalb könne auch nicht jeder zu gleicher Zeit in Entrückung oder im Sannyas leben. Sonst würde „der ganze Laden gar nicht laufen, wie er läuft". Alle Handlungen zusammen erzeugen Reaktionen und wiederum Gegenreaktionen und machen die Welt zu dem, was sie ist.

Unwissen bzw. *Avidya*, wie sie in dieser Geschichte thematisiert wurde, entsteht nach der *Advaita*-Philosophie, eine der sechs großen philosophischen Schulen Indiens, im Einfluss der *Maya*. Die Dinge in Raum und Zeit, wie wir sie wahrnehmen, existieren dieser Hinduphilosophie zufolge nicht wirklich. Sie sind Trugbilder, Schleier, Illusion, also *Maya*, und entspringen dem ewigen Spiel der Urenergie, aus der die Materie erst hervorgeht. Hinter dem Schleier der *Maya* aber liegt *Brahman*, der Urgrund allen Seins, die Weltseele – unveränderlich und ewig. In uns verbirgt es sich in Form des *Atman*, dem Selbst, dem Funken der Weltseele, der in uns die Ahnung wachhält, dass es etwas Größeres, etwas Vollkommeneres gibt – etwas, das in der Stille ruht und die Einheit allen Seins verkörpert. Alles ist eins, alles entspringt der einen Seele, dem göttlichen Geist: Mensch und Tier, Pflanzen und Gestirne,

Welt und Kosmos. In dieses Eine, die Weltseele, kehrt die individuelle Seele zurück, wenn sie den Kreislauf der Wiedergeburt überwunden hat. Sie ist wie der Funke, der kurz vom Feuer wegstiebt, um wieder in dieses zurückzukehren. Eigentlich kam die ursprüngliche *Advaita*-Philosophie ohne einen Gott aus; vermischte sie sich jedoch mit dem *Bhakti*-Kult, einer religiösen Bewegung, deren Kern die völlige Hingabe an Gott, die verzückte Gottesliebe, ist, so wurde sie zu dem, was Uma vertrat. In einem der Bücher von Shivananda las ich: Die Liebe in uns sei der Funke, der uns mit dem großen Feuer verbände.

Advaita jedenfalls bedeutet „Nicht-Zweiheit", das heißt, diese Philosophie hebt die Einheit aller Dinge hervor – im Gegensatz zur *Samkhya*-Philosophie, die die Welt in Dualismen aufgeteilt sieht. Damit konnte Uma als Verfechterin der *Advaita*-Philosophie wenig anfangen. „Im Grunde ist alles Gott. Außer Gott ist im Grunde genommen gar nichts", sagte sie zu mir. „,*Deine Seele ist die ganze Welt*', steht in den Veden geschrieben. Im Grunde haben auch die Mystiker nichts anderes gesagt." „Dann stellt die Befreiung der Seele im Hinduismus nichts Zukünftiges dar, sondern eine Verwirklichung dessen, was schon immer da war, was nur durch *Avidya*, durch Unwissenheit verborgen war, und es ist deiner Meinung nach die Bestimmung des Menschen, über diese Unwissenheit hinwegzukommen und die Einheit wieder zu verwirklichen?", fragte ich. „Ja, freilich!", rief Uma aus. „Die Menschen können so lange nicht glücklich sein, bis sie heimgekehrt sind. Dorthin, wo sie herkamen. Der heilige Augustinus hat schon gesagt: ,*Meine Seele wird nicht eher ruhen, bis sie ruht in dir, Herr.*' Wenn man annehmen würde, man wäre unsterblich und wäre der König aller drei Welten, wenn man nicht dahingekommen ist, wo man hinkommen soll – zu Gott zurück – kann man kein Glück finden."

„Ich habe allmählich das Gefühl, die westliche Philosophie, oder auch Philosophie im Allgemeinen, dreht sich mit ihrem dialektischen Denken im Kreise. Macht uns die willkürliche

Benennung und Bedeutungszuweisung von Dingen, ihre Einordnung in Kategorien, Gegensatzpaare, nicht blind für ihr eigentliches Wesen?", überlegte ich. „Da magst du schon Recht haben", erwiderte Uma. „Es ist schon wichtig, sich Gedanken zu machen, aber irgendwann muss man Worte und Kategorien hinter sich lassen."

„Wenn ich all das mit dem Verstand begriffen habe, wie kann ich das dann praktisch umsetzen?", wollte ich wissen. „Durch Yoga, Meditation, durch bewusstes Leben", antwortete sie. „Weißt du, man muss nur seine Seele in höheren Sphären halten. Dann ist man automatisch in Ordnung. Das ist schwer zu erklären, weißt du, das ist alles mystisch. Dann hat man nichts mit *Klesha, Klesha Dosha* – mit innerer Krankheit – zu tun. Man sollte sein Inneres gesund halten." „Wie kann man das tun?" „Man muss sehen, dass man sich innerlich kennt und innerlich behütet. Man muss Techniken haben, dass man sich innerlich wieder aufrichten kann, wenn einem ein Schlag versetzt wird, dass einem so etwas nicht mehr so viel anhaben kann, dass man Probleme lösen kann. Deswegen macht man auch Yoga und meditiert, das ist dabei eine große Hilfe. Wenn man die innere Ruhe, die innere Gesundheit pflegt, hat man keinen Mangel an Energie."

Eins-Werden

Am nächsten Tag lag eine seltsame Stimmung in der Luft. Ein Gewitter zog auf. Wolken aller Art tanzten am Himmel. Alles schien in Bewegung. Zum ersten Mal hatte ich richtig Lust, *Asanas*, Yogaübungen zu machen, und hatte Uma darum gebeten, mir ein paar zu zeigen. Bislang hatte ich mich nur theoretisch mit Hindu-Philosophie beschäftigt, Uma hatte mir jedoch klargemacht, dass ohne Praxis gar nichts ginge. Nun saß sie mit senkrecht aufgestellten Knien, die Füße vor dem Becken verkreuzt, vor mir. Das sei ganz einfach, erklärte sie. Man müsse nur eine bequeme Stellung finden. Bequem mutete die Stellung für mich nicht an. Auf meine Bitte hin zeigte mir die Einsiedlerin zahlreiche andere Yogapositionen. Viele davon erforderten große Gelenkigkeit. Ich selber hätte sie vermutlich erst nach wochenlanger Übung zustande gebracht, Uma jedoch führte sie lächelnd mit der Leichtigkeit einer trainierten Jugendlichen aus. Ich beschloss, mich auf die einfachen Übungen zu konzentrieren. Schließlich kam es – wie sie mir erklärte – lediglich darauf an, dass die Wirbelsäule nach vorne, nach hinten, nach rechts und nach links gebogen wurde. „Ich würd nicht mehr so rumspringen, wenn ich keine *Asanas* machen tät", erklärte sie. „Leider habe ich jetzt nur noch wenig Zeit für Yoga und Meditation. Es gibt einfach so viel Arbeit. Ein paar Mal bin ich schon in einer Yogastellung eingeschlafen, so müde war ich." „Kannst du sagen, was Yoga im Körper konkret bewirkt?", fragte ich. „Da bleiben Wirbelsäule, Gelenke, Augen und Gehör gesund", antwortete sie. „Die Blutgefäße werden spannkräftig gehalten, das Gewebe gedehnt. Das führt zu einer optimalen Versorgung jeder Zelle mit Blut. Yoga ist übrigens auch in den Wechseljahren ideal. Es sorgt für ein hormonelles Gleichgewicht im Körper. Ich hab da so ganz bestimmte Atemtechniken herausgefunden."

Ich erfuhr, dass Yoga in Indien bewusst als Medizin eingesetzt wird. Die indischen Philosophen gehen davon aus, dass der Mensch an und für sich kerngesund sei, dass er zur Genesung nur wieder an sein wahres Selbst angeschlossen werden müsse. Beim Yoga – und auch bei der Meditation – analysiere man weniger das Krankhafte, sondern versuche, die schon vorhandenen Heilkräfte der menschlichen Seele und des Körpers zu mobilisieren, indem man den Menschen zu seiner Ganzheit zurückführt. Sri Aurobindo kritisierte einmal den von außen herantretenden Ansatz westlicher Psychiater und Psychoanalytiker, indem er sagte*: „Das Geheimnis des Lotos* (Symbol für den reinen Geist) *ist keineswegs zu ergründen, indem man die Zusammensetzung des Schlammes, aus dem sie emporwächst, analysiert."*

Was Yoga für Uma bedeutet, hatte ich im *Deutschen Yoga-Forum* gelesen: „Verbinden, Eins-Werden. Es gibt übrigens auch nicht nur eine Yogaart. Im Westen glauben die Leute immer, beim Yoga handele es sich ausschließlich um *Asanas* oder *Hatha-Yoga*, die Körperübungen. Aber das ist einseitig. *Hatha-Yoga* ist wichtig, aber Yoga beinhaltet mehr. Hinter *Karma-Yoga* steht beispielsweise selbstloser Dienst. Es ist wichtig, jede Arbeit als Gebet zu verrichten. Man muss verstehen, dass Gott wirklich überall ist. Wenn man alles, was man tut, für Gott tut, dann macht man es auch gerne. Das Leben wird dann zu einem einzigen Gebet. Weißt du, die *Karma-Yogis* handeln aus einem inneren Antrieb heraus, ohne auf die Früchte ihres Tuns zu schauen. Deshalb bleiben sie unberührt von Erfolg und Misserfolg, frei von Erwartungen und kennen deshalb keine Enttäuschung. *Bhakti-Yoga* bedeutet Hingabe, *Jnana-Yoga* bezeichnet den Weg des Wissens. Und dann gibt's auch noch *Nada-Yoga*. Swami Shivananda hat Yoga als Synthese betrachtet. *Bhakti-* und *Jnana-Yoga* gehen Hand in Hand. Man kann kein guter Philosoph sein ohne *devotion,* ohne Hingabe, ohne Liebe zu Gott und zur Natur. Ebenso sollte man nicht arbeiten, ohne zu meditieren, und nicht meditieren, ohne zu arbeiten. Wenn man in einem Boot sitzt und nur auf der rechten Seite rudert, dreht sich das Boot nach links. Nur wenn man auf beiden Seite rudert, geht es vorwärts. So ist es auch mit Yoga: Lässt man eine Yoga-Art weg, bleibt man in der Dualität stecken."

„Gibt es eine Yogaart, die dir am wichtigsten ist?" „Dass man immer an Gott denkt, alles mit Freude ihm zuliebe macht – *Bhakti, Karma* ..." „Kannst du mir mehr von *Bhakti* erzählen?" „Ja ... Also, *Bhakti* bedeutet völlige Hingabe an Gott oder selbstlose Liebe. Die Liebe des *Bhakta* erwartet keine Erwiderung und weiß doch, dass sie tausendfach erwidert wird. Das Ideal ist: Der Liebende, der Geliebte und die Liebe werden eins – durch *Bhakti. Bhaktas* bewirken durch ihren Glauben, durch ihr *Bhakti* Wunder. Auch Jesus gilt in Indien als großer *Bhakta*."

Ich erinnerte mich an Yogi Shankara Das, der gesagt hatte: „Jesus war ein innerlich sehr reiner Mensch. Er hatte Gott immer direkt vor sich. Er war absolut hingebungsvoll. Ein wahrer *Bhakta*. Nicht allzu intellektuell. Er hatte einen sehr klaren Geist, gab einfache, klare Beispiele." „Glauben Sie, er war erleuchtet?", hatte ich den Yogi gefragt. „Ja, er war erleuchtet. Er machte keinen Unterschied, er half allen. – Im Gegensatz zu Moses, der nur seinen eigenen Leuten half. Wahre Liebe macht keinen Unterschied. Jesus war ein Mensch, der sein Ego völlig hinter sich gelassen hatte und in Gott aufgegangen war. Es hat keine Trennung mehr bestanden. Deshalb war er selber wie Gott, konnte Sein Wort verkündigen. – Wenn man Gott verwirklicht hat, kommt alles automatisch – Gedanken, Worte ... Man wird zu einer Art Medium."

„Würdest du dich als *Bhakta* bezeichnen?", fragte ich Uma. „Ja, die ganze südindische Musik ist doch *Bhakti*!" „Ist *Bhakti* auch Leidenschaft?" „So würde ich das niemals bezeichnen!" „Aber kennt du nicht auch dieses absolute Lebensglück, fast ekstatisch ...?" Sie lächelt, sinnt nach. „Doch ... doch. Das kenne ich. Aber ... – um noch mal auf die Leidenschaft zurückzukommen: Wichtig ist dabei, dass sie nicht vom Ego ausgeht. Prinzipiell ist Leidenschaft aber mit Verhaftung im Weltlichen verbunden. Es heißt ja nicht umsonst *Leiden*schaft.

Die Anandamayee Maa, kennst du die noch?" Ich schüttelte den Kopf. „Die war übrigens auch eine große *Bhakta*. Auf einmal hat die angefangen mit der Gottverehrung. Die wollte nur noch Gott und hat nichts mehr gegessen. Sie musste gefüttert und gebadet werden wie ein Baby. Sie war gerade erst verheiratet, da hat der Mann sie angefasst und einen elektrischen Schlag bekommen. Da hat er sich gedacht: ‚Nein, das ist wirklich keine einfache Frau, die muss man gehen lassen.' Sie war immer ganz weg, einfach weg, einfach in Gott versunken ... Allerdings ... weißt du, es gibt keinen größeren *Bhakta* als Gott selber. Weil er alles, was er erschaffen hat, nur aus seiner Liebe erschaffen hat. Wie viel *Bhakti* wir auch tun können, das ist immer noch zu wenig. Das ist gar nichts! Wir müssten noch viel mehr tun. Aber wie kriegen wir das hin?" Sie lachte und fuhr dann fort: „Es hat gar kein Ende. So können wir immer glücklich sein, wir können immer weiterarbeiten, immer weiterlernen. Das hält einen auf dem Laufenden, hält einen fit."

Zu diesem Zeitpunkt war mir der Begriff *Bhakti* neu. Später erfuhr ich, dass *Bhakti* ursprünglich eine Gegenbewegung der unteren Kasten Tamil Nadus gegen erstarrten Formenkult und brahmanische Autorität gewesen war. Noch heute kommen viele *Bhaktas* aus unteren Kasten. Ich erinnerte mich, dass ich in Tamil Nadu immer wieder irritiert gewesen war, wenn Frauen zu mir sagten: *„You love me."* Etwas perplex über diese als Anmaßung empfundene Behauptung nickte ich eher höflich als überzeugt. Später erfuhr ich dann, dass man es als anmaßend empfunden hätte zu behaupten: *„I love you"*, da der Liebende, der dieses reine Gefühl besitze, als derjenige gelte, der Gott näher stehe. Ohne Liebe, ohne Gefühle ist jede Religion leer, sagen die Tamilen.

„Der *Atman* ist ohne dieses"

Nach ein paar Tagen bekam ich Gelegenheit, einen Blick in das Zimmer zu werfen, in dem Uma zusammen mit ihren Hunden lebte. Es war geräumig, aber düster, und der Geruch nach Hundeurin machte den Raum auch nicht gerade einladender. In einem großen Zedernholzschrank bewahrte Uma ihre bescheidenen Habseligkeiten auf: Decken, einige traditionelle Gewänder, ein paar Rupies, Medikamente und vor allem ihre Musikinstrumente – eine *Veena* (ein der *Sitar* ähnliches Saiteninstrument), Bambusflöten sowie ein Didgeridoo, das ihr ein australischer Besucher dagelassen hatte.

Im hintersten Ende des Raumes sah ich im Schein des

ewigen Lichtes eine große, bunt-schillernd geschmückte Götterstatue stehen. Als ich nähertrat, konnte ich weitere kleine Statuen ausmachen. Da gab es das vollendet geformte Paar Shiva-Parvati, Agni, den Feuergott, und zahlreiche andere Götterfiguren.

„Warum machst du diese Shiva-Parvati-Statuen?", fragte ich Uma – nichts ahnend, dass dies ein sehr spannendes Gespräch nach sich ziehen würde. „Sie symbolisieren die Einheit von Männlichem und Weiblichem", antwortete sie. „Man muss als Frau versuchen, das Männliche in sich zu entwickeln, und als Mann umgekehrt. Jeder trägt beide Seiten in sich. Und wenn man beides in sich trägt, muss man nicht immer irgendwo hinrennen, dann hat der Geist Ruhe, dann braucht er das nicht – verstehst du?" „Was bedeutet dir das Weibliche? Oder *Shakti?*" Als *Shakti* wird die Urkraft des Universums bezeichnet, die allem Lebendigen den Lebensatem einhauchte. *Shakti* ist die sich manifestierende Kraft, im Gegensatz zu Shiva, der die Unendlichkeit und das Ungeschöpfte darstellt und dennoch immer neu schafft. Frauen besitzen nach hinduistischem Glauben mehr *Shakti*. *Shakti* ist die große Göttin, und man glaubt, ein Mann könne ohne die *Shakti* seiner Frau gar nicht leben. Dies gibt ihr eine gewisse Macht, aber weniger im Sinne von Autorität als im Sinne schöpferischer und spiritueller Macht. Es heißt nämlich auch, *Shakti* könne Unglück und Zerstörung bringen, wenn sie nicht unter Kontrolle gehalten wurde – erst vom Vater, dann vom Ehemann und zu guter Letzt von den Söhnen. Als besonders gefährlich gelten unverheiratete Frauen. So hält das Konzept von *Shakti* die Frauen dennoch subtil unter Kontrolle. Ich hatte gehört, dass *Shakti* in vielen Teilen Indiens, zum Beispiel in Bengalen oder Südindien, als speziell weibliche Kraft gälte, Uma war jedoch gar nicht dieser Ansicht. „Alles ist *Shakti*, auch das Männliche – und die ganzen Götter", sagte sie. „Die sind auch nur eine Inkarnation, *expression* von *Shakti*. Die ganze Schöpfung. Alles, was du so siehst und wahrnehmen kannst." „Dann ist *Shakti* also das

Gleiche wie die Urenergie oder auch der Ton OM?" „Ja freilich, selbstverständlich! Das ist die Energie, die alles in Bewegung hält!"

„Was hältst du eigentlich von der Auffassung im Hinduismus, Frauen könnten keine Erleuchtung erlangen?", fragte ich nun. „Neeein", erwiderte Uma gedehnt. „Da gibt's auch andere Auffassungen. Sonst hätte der Shivananda doch gar keine Frauen initiiert. Später waren Frauen im Shivananda-Ashram allerdings wirklich nur noch geduldet. Die wollte man dann raushaben. Aber mein Vedenlehrer, der hat die Leute immer darauf hingewiesen, dass eine Frau, eine *Rishi*tochter, also die Tochter eines Sehers, in den Zeiten des *Rigveda* ein Stück *Veda* gesprochen hat, und zwar so, wie es zuvor noch niemand gesagt hatte: *ICH – BIN – in Sonne und Mond, ich laufe dort oben, die Sonnen und die ganzen Visva-Götter, die ganzen Götter des Alls, da bin ich drin, das bin ich.* – Hat sie gesagt. Hat sich identifiziert. Total identifiziert! In den Veden ist alles drin, aber nicht dieses *ICH – BIN – DAS!* Kein *Rishi* hat solch ein Stück je geschrieben. Das war eine große *Rishi*frau.

Aber noch mal zu den Frauen: Die benehmen sich nicht, wie sie sich benehmen sollten." „Was meinst du denn damit? Wie sollten sich Frauen denn benehmen?" „Ja, nicht wie ein Stück Kuchen, das gegessen werden soll. Frauen sollten sich auch ihrer Würde bewusst sein. Man hat doch auch eine Verantwortung!" „Aber gibt es eine weibliche Würde, oder anders gesagt: Warum hat eine Frau überhaupt Würde?" „Sie ist ein Teil der Göttin, beziehungsweise, sie soll sich bewusst sein, dass sie auch Göttin ist." „Verbindest du die Frau dann mit dem Nährenden, Gebenden, Einheitlichen, Beschützenden?" „Na ja, das sind die guten Seiten, es gibt natürlich auch die schlechten Seiten."

Plötzlich zog Uma ihre Stirn kraus und sagte etwas gereizt: „Ach, weißt du, männlich und weiblich, das gehört zu einem anfängerischen Stadium des Bewusstseins." „Dualität?" „Ja, das ist mehr als Dualität! Das ist Dualität in der Dualität!

Damit brauchen wir uns gar nicht befassen. Links liegenlassen so was! – Weil..." Sie seufzte tief. "Weißt du, es gibt Besseres, es gibt Weiteres, wir müssen weiterkommen. Das habe ich von Swamiji gelernt: Wir sollen nie denken, wir sind ein Mann oder eine Frau. Der *Atman*, das höhere Selbst, ist ohne dieses. Wir sind der *Atman*, und der *Atman* hat nichts mit Männlichem oder Weiblichem zu tun. Alles, was geschaffen ist, ist ein Ausdruck von Gottes Liebe, Kreativität!" "Du meinst, Kreativität und Liebe hängen eng zusammen?" "Ja freilich! Was man schöpft, das liebt man doch! Im Zorn wird nur zerstört. – Also, man darf sich nichts darauf einbilden: ,Ich bin 'ne Frau und der ist en Mann.'" "Aber du schimpfst doch selber die ganze Zeit auf die Männer!" "Ja, weil *die* mich wie 'ne Frau behandeln, mich in so ein Frauenschema reinpressen. Ich wollte damit nichts zu tun haben, wurde aber immer und immer wieder falsch angeschuldigt von den Leuten, die noch nicht wissen, was sie wissen sollten. Aber auch gar nicht wissen wollen..." Sie schaute mich mit gerunzelter Stirn an. "Also, sieh zu, dass du dich mit dem Männlich-Weiblich nicht verzettelst!" Ich lachte und versprach, es zu versuchen.

Teil III –
Eine unglaubliche Lebensgeschichte

Eine schwierige Kindheit

Ich saß mit Uma in ihrem Zimmer, als ich sie zum ersten Mal auf ihre Kindheit ansprach. „Wer waren deine Eltern?", wollte ich wissen. „Meine Mutter ist gestorben, als ich neun Jahre alt war – im Jahre 1945", begann sie. „Mein Vater war so ein typischer Geschäftsmann, der war als Designer in einer Autofabrik tätig und hatte kaum Zeit für die Familie. Der hatte den Krieg erlebt und wollte von Religion nichts mehr wissen …" „Hattest du Geschwister?" „Ja, eine Schwester und zwei Brüder, alle jünger als ich." „Wer hat sich dann um euch gekümmert?" „Mein Vater. Er hatte aber kaum Zeit, hat Transformatoren gebaut, Radios und Mikrophone repariert. Er hat immer solche Versuche gemacht, hat sich dann eine andere Frau genommen, eine Flüchtlingsfrau. Die kam zu uns mit ihren fünf Kindern, die haben oben gewohnt." „Wie alt warst du da?" „Zehn Jahre alt. Ich musste kochen, dann hat sie's mit reingenommen und mit meinem Vater alleine gegessen. Sie hat's ihren Kindern gegeben, und wir haben gar nichts gekriegt, ich weiß auch nicht, warum. Die Nachbarn haben uns etwas unterm Zaun durchgeschoben. Und ich bin auf den Apfelbaum, hab Äpfel gegessen, auf den Birnbaum, hab Birnen gegessen, und hinten war Schleilers Garten, da gab's Himbeeren. Oder ich hab auf dem Feld die rohen Körner rausgegessen. Ich hab so 'nen Hunger gehabt! Zur Schule haben wir auch nichts bekommen. Die Anna Weigand, das war eine Bauerstochter, die hat immer ein riesengroßes Butterbrot gehabt. Da hab ich die eine Seite von gekriegt, da war ich so heilfroh drum! Das war mein Essen.

Die Frau hat uns auch verhaun. Ich hab mal gesagt ‚des is a Sau', weil wir nichts zu essen bekommen haben. Ich bin verpetzt worden, da hat sie mich so furchtbar verdroschen, dass ich heut noch 'ne Rückgratverkrümmung hab. ‚Ich hau dich krumm und bucklig!', hat sie geschrien und immer wieder mit der Faust auf meinen Rücken getrommelt.

In der Nachkriegszeit hatte niemand Geld, nicht einmal fürs Zugticket. Wir haben das Billet gefälscht oder haben uns auf dem Klo versteckt. Die Leute sind zu den Bauern, haben alle Wertsachen für ein bisschen Essbares hergegeben. Wer selbstversorgerisch auf dem Land lebte, der hatte es besser."

„Was für eine politische Ausrichtung hatte denn dein Vater?"

„Der war weder für Hitler noch für den Krieg. Er hat gesagt: ‚Da musst du aufpassen. Die quetschen dich aus wie eine Zitrone und werfen dich dann weg.'"

„Haben sich eigentlich schon früh Anzeichen auf deinen Weg gezeigt? Hast du außergewöhnliche spirituelle Fähigkeiten gehabt?", fragte ich Uma. „Ich bin eben immer allein gewesen, war Außenseiter", antwortete sie. „Die anderen wollten auch gar nicht mit mir spielen. Die haben mich immer nur veräppelt. ‚Spinnrad' haben sie mich genannt, von ‚spinnen', und *Oma* – dabei war ich doch erst neun, zehn Jahre alt." Ich erinnerte mich an ein Gespräch mit Winfriede Kerler, einer Kindheitsfreundin Umas, die auch über den Zeitungsartikel erfahren hatte, dass „Rosi" noch lebte. Sie hatte mir erzählt: *„Die Rosi hatte keine Feinde, aber halt auch niemanden, der für sie durchs Feuer gegangen wär. Sie war ja so verträumt! Und immer zu spät war sie! Ich seh sie noch, wie sie morgens angelaufen kam, wenn der Zug schon angefahren war. Damals sind wir noch in Güterwaggons zur Schule gefahren. Der Schaffner wusste schon, dass das Rosele nicht rechtzeitig kam. Und dann kam sie, halb im Schlafanzug, halb in ihren richtigen Kleidern, die Haare offen und noch ganz verzaust. Die anderen Kinder haben sie dann in den fahrenden Zug gezogen. Manchmal haben wir auch den ganzen Weg von Gräfendorf nach Hammelburg zu Fuß laufen* müssen. *Das waren vierzehn Kilometer und die Rosi hatte doch nie was zu Essen.*

Sie war außergewöhnlich künstlerisch begabt. Ich seh sie noch dasitzen, wenn sie so träumend mit Bleistift, Kohle oder Kreide über Papier, Asphalt oder was auch immer fuhr. Sie machte einfach nur eine Bewegung, als würden andere über etwas streichen, und es war etwas Wunderbares entstanden. Es war unglaublich! Ich denke, ihr Weg war vorgezeichnet. Sie war so sensibel, zog sich häufig zurück. Sie hat immer geträumt und hat sich nie anpassen können. Ich hab sie nur angeschaut und gewusst: ‚Die ist wieder ganz woanders.'"

Uma fuhr fort: „Ich bin alleine auf die Berge geklettert. Dort oben gab's Blumen, die waren wunderschön. Da hab ich meine Mutter gefragt, wer die Blumen gemacht hat. Die Tiere, die Pflanzen, diese ganze Schönheit der Natur, das hat mir alles so gut gefallen. ‚Der liebe Gott', hat meine Mutter geantwortet. ‚Prima', hab ich gesagt. ‚Da muss ich hin zum lieben Gott.' Das hab ich schon damals gewusst. Einmal sagte meine Mutter: ‚Du wirst einmal wie die heilige Cecilie.' Meine Mutter war sehr religiös, sang immer Marienlieder. Ich erinnere mich noch an eine Szene, in der sich das ganz außergewöhnlich gezeigt hat: Es war in der Zeit, als die Amerikaner kamen. Draußen fanden Artilleriegefechte statt – ein fürchterlicher Krach, um Gottes Willen! – wir saßen im Keller drunten, haben uns die Ohren zugehalten. Dann sind sie gekommen, haben mit dem Gewehr hinter jede Tür geguckt, ob da kein Mann ist. Da war eine Truhe, da waren die Waffen meines Vaters drin. Sie wollten wissen, ob da Waffen drin sind. Meine Mutter hat sich draufgesetzt und gesagt: ‚Nein, da ist nichts drin.' Später hat sie's so bereut: ‚Oh, ich habe gelogen!' – Die war ja so christlich!"

„Bedeutet *dir* das Christentum noch irgendetwas? Wie stark, würdest du sagen, bist du noch von christlichem Gedankengut geprägt?", fragte ich. „Das steckt alles im Unterbewusstsein. Ja, der Christus war schon verehrungswürdig, kein Zweifel, nichts gegen den Christus, überhaupt nichts! Den Christus verehr ich immer noch! Und die Mystiker." „Wo siehst du Gemeinsamkeiten zwischen Hinduismus und Christentum?" „Nur bei den Mystikern kann ich einiges erkennen."

„Oft werfen westliche Kritiker dem Hinduismus vor, er sei weltflüchtig und aufgrund der Karma-Lehre unmoralisch", bemerkte ich. „Was hältst du davon?" „Einmal davon abgesehen, dass dies eine kurzsichtige Betrachtungsweise ist, muss gesagt sein, dass gerade *Bhakti-* und *Karma-Yoga* eine ethisch-moralische Weltauffassung schlechthin verkörpern. Der *Bhakta* sieht in allen Lebewesen Gott und nichts als Gott und ist deshalb auch nicht blind für das Elend der Welt. *Tat twam asi – Das bist du,* heißt es in den Veden. *Karma* heißt nicht, Leid mit anzusehen. Wenn einer leidet, ist es *Karma,* wenn er hilft, ist es ebenfalls *Karma.* Ein indischer Gelehrter hat einmal gesagt: *Wenn du dein vergangenes Leben kennen lernen willst, schau deine gegenwärtige Lage an; wenn du dein zukünftiges Leben erkennen willst, schau deine gegenwärtigen Handlungen an.*"

„*Karma* heißt also nicht, dass alles vorherbestimmt ist?" „Ach, von diesem ganzen Schicksalsgerede halte ich nichts!, erwiderte Uma etwas ungehalten. „Gott ist gnädig und barmherzig. *Karma* heißt einfach nur: ‚Was man sät, wird man ernten.' Die Suppe, die man sich einbrockt, muss man halt auch wieder auslöffeln. Aber *Karma-Yoga* heißt: Man tut etwas. Man tut es Gott zuliebe. Ohne etwas dafür zu wollen. Und damit löst man die Seele von der Fessel des Ursache-Wirkungsprinzips." „Dann schließt die ‚Akzeptanz' bestehender Zustände politisches Engagement nicht aus?" „Nein, politisches Engagement ist schon wichtig. Es nützt aber nichts, wenn du dich daran aufreibst. Sonst brennst du runter wie eine Kerze von zwei Seiten. Du musst eben alles mehr von außen beobachten und dann tun, was vonnöten ist. Mit Wut und Verbitterung zerstörst du nur. Das Einzige was du tun kannst, ist handeln und dich an Gott wenden. Was willst du denn alleine bewirken? Der ist viel mächtiger als du! Er wird dann schon von oben schauen, seine Energien senden!"

„Was würdest du sagen, wer dich am meisten geprägt hat, mal abgesehen von deiner Mutter?" „Mein Vater. Der hat mich immer mit in die Natur genommen. Er hat auch gesagt, man muss nicht immer mitlaufen mit der Hammelherde. Man muss seinen eigenen Weg gehen. Und man darf nicht einfach übernehmen, was gesagt wird. Man muss selber denken. Ansonsten gibt es viele Künstler und Architekten in meiner Familie. Mein Großvater, der war Architekt im Stadtbauamt Würzburg. Der hat immer Entwürfe gemacht. Seine Brüder waren Bildhauer, der Beruf, den ich dann später gewählt habe." „Du hast ja nun wirklich einen sehr extremen Weg gewählt. Hast du nie gezweifelt, ob das richtig ist?" „Na, ich *musste* diesen Weg gehen! Ich hatte doch keine Ruh. Ich wollte doch unbedingt zu Gott.

Aber, weißt du ... eigentlich glaube ich, die Schönheit der Natur hat mich dazu bewogen, dass ich diesen Weg gegangen bin. Mir hat alles so gut gefallen." „Hast du jemals an Gott gezweifelt?" „Nie! Die ganze Schöpfung ist Gottes Spiel. Alles ist Energie, endlose Energie. Es kann sich materialisieren, wann immer Er es will. Die unsichtbare Welt ist viel größer als die sichtbare Welt. Die höchste Seele ist formlos. *All powerful*. Die Universen gehen auf und nieder wie die Wellen im Ozean."

„Hier komme ich einfach nicht weiter!"

„Kurz vor dem Abitur bin ich zu meiner Großmutter geschickt worden. Nach dem Besuch des Gymnasiums ist allen klar gewesen, dass es nicht gut gewesen wäre, wenn ich Ärztin, Lehrerin oder Rechtsanwältin geworden wäre. Ich war eher künstlerisch begabt. Ich ging auf die Kunst- und Handwerkerschule in Würzburg, wo es drei Klassen gab: Graphiker, Maler und Bildhauer. Ich lernte die Bildhauerkunst." *„Es war eine schöne Zeit"*, hatte mir der Graphiker Heinz Curtius, einer der wenigen Freunde Umas, der dieselbe Schule wie sie besucht hatte, erzählt. „*Niemand hatte Geld in jener Zeit. Aber wer brauchte mehr als die Mahlzeit im Bauch, wenn er am Leben war? Wir genossen es, wieder lachen zu können, Spaß zu haben, ohne ständig einen Bombenalarm fürchten zu müssen.*" Würzburg war in den letzten Tages des Krieges noch vollkommen ausgebombt worden. Umas Worten zufolge hatte der Himmel über der Stadt geglüht. „Und als man dann nach Tagen die rauchenden Ruinen betrat, das war furchtbar …!" Herr Curtius hatte Uma als ein in sich zurückgezogenes Mädchen beschrieben. Sie habe sich nicht jedem anvertraut und auch nicht unbedingt jeden Unsinn mitgemacht. Sie trug Fragen in sich, die ihr niemand beantworten konnte – schon gar nicht die Kirche in ihrer damaligen Erstarrung.

Schon in der ersten Stunde auf der Kunst- und Handwerkerschule fiel Uma auf. Immer wieder baten sie andere, etwas zu formen, zu malen. Irgendwann wurde die Presse auf sie aufmerksam. Man setzte ein Bild von ihr in die Zeitung – Uma beim Modellieren. Kurze Zeit später tauchte der Direktor der Porzellanmanufaktur Rosenthal in Selb auf. Ob sie für ihn arbeiten wolle, als freie Mitarbeiterin oder feste Angestellte – wie sie wünsche. Sie entschied sich für die freie Mitarbeiterin und arbeitete von da an bei Rosenthal, machte Figuren aus Gips, die in Porzellan gegossen wurden. Bald übernahm sie die gesamte Abteilung für Tierfiguren.

„Und wie kamst du dann auf die Idee, nach Indien zu fahren?", fragte ich. „Eines Tages wurde ich von Direktor Rank zu der Künstlerin Lora Friedrich Gronau geschickt. Sie war auch freie Mitarbeiterin bei Rosenthal. Die Figuren, die sie machte, gingen immer zu Bruch und ich sollte ihr beim Gipsen helfen. Einen Monat blieb ich bei ihr, oder besser gesagt, in einem Hotel in der Nähe." Ein seliges Lächeln lag auf ihrem Gesicht, als sie sich erinnerte: „Sie war eine Frau mit ganz weißen Haaren, eine halbe Mystikerin. All die Zeit beim Arbeiten sprachen wir über die Welt der unsichtbaren Dinge." „Was meinst du mit der Welt der unsichtbaren Dinge?"

„Geister und Seelen, mit denen man auch sprechen kann. Man kann halt Kontakt zu bestimmten Energien aufnehmen, die jemand aussendet. Ob der einem nun wohl gesinnt ist oder nicht, man kann seine Gedanken erspüren." „Du glaubst also auch, dass man jemandem Energie oder Liebe zusenden kann?" Ich dachte an Yogi Shankara Das, der verschmitzt zu mir gesagt hatte: „Wir Yogis haben alles in uns: Telefon, Fernsehen, Fax, Computer." „Ja freilich!", antwortete Uma. „Wenn deine Mutter sich um dich sorgt, dann beschützt dich das ganz, ganz sicher. Meine Mutter ist auch noch irgendwo und schaut nach mir. Ansonsten wäre ich die ganze Zeit nicht so ungeschoren davongekommen." Sie schwieg eine Weile, dann fuhr sie fort: „Und vom Astralkörper hat die Lora immer gesprochen." „Was ist der Astralkörper?", fragte ich. „Das ist der feinstoffliche Körper eines jeden Lebewesens. Er kann auch woanders auftauchen, als wo sich der grobstoffliche Körper einer Person befindet. Angeblich haben mich die Leute im Punjab auch schon einmal auf diese Weise gesehen." „Die Leute aus Punjab?" „Ja, das sind *Devotees* von mir – Anhänger, Verehrer."

Sie nahm den vorherigen Gesprächsfaden wieder auf: „Schon in der Kunst- und Handwerkerschule hatte ich Meister Eckhart, den berühmten Mystiker des Mittelalters, und Angelus Silesius gelesen. Das war wunderbar! Da bin ich auf diesen Einheitstrip gekommen. Die Einheitslehre, die hat es mir angetan. Erst hab ich noch den Jesus verehrt und in der Bibel gelesen. Aber die hat mir nicht das Futter gegeben, das ich brauchte. Ich versuchte mit Priestern darüber zu sprechen, aber sie gaben mir alle dieselbe Antwort: Der Mensch sei ein Sünder und könne deshalb niemals direkt zu Gott gelangen. Deshalb sind die Mystiker doch verfolgt worden! Der Klerus wollte das nicht haben!

Lora Friedrich Gronau hatte nun all die Bücher von Swami Vivekananda, Ramana Maharshi, Paramahansa Yogananda und Swami Shivananda. Die hat sie mir mitgegeben. Sie erzählte mir, Shivananda sei der letzte, noch lebende, große

Meister in Indien. Wir kamen auf die Idee, ihm zu schreiben – vielleicht hatte *er* eine Antwort auf unsere Fragen. Ich schickte eine lumpige Postkarte, auf der ich auch anfragte, ob mich der Ashram als Schülerin des Swamis aufnehmen könnte. Ich habe ja nicht geahnt, dass ich Antwort kriegen würde. Prompt kam die Antwort: Bücher in leichtem Englisch sowie die Aufforderung, meinen Tagesplan für einen ganzen Monat festzuhalten und ihn anschließend nach Rishikesh zu schicken. Nach zwei Jahren schrieben sie, ich solle doch mal ein Photo schicken. Das hab ich gemacht. Dann kam die Einladung, ja – ich solle nach Rishikesh in den Ashram kommen.

Seit meiner Zeit in der Kunst- und Handwerkerschule lebte ich bei einer Freundin in einem Kloster im Judenbühlweg in Würzburg. Sie teilte ihre Zelle mit mir, damit ich nicht mehr einen allzu weiten Schulweg hatte. Die Nonnen, darunter viele Augustinernonnen, trugen keine Kutte. Sie waren Sozialhelferinnen, Lehrerinnen, Ärztinnen. Im Kloster hatte ich meine Bücher von Shivananda ins Regal gestellt. Eine Schwester war neugierig, konnte aber kein Englisch. Da hat sie die Bücher dem Abt auf den Tisch gelegt. Der hat mich zu sich gerufen, ist furchtbar wütend geworden, hat mir die Bücher vor die Füße geworfen und ausgespuckt. Das sei ja Ketzerei! Alles Lügen, unlogisch! Das könne nicht sein! Der Mensch sei sündig und könne nie direkt zu Gott! Er schickte mich zu einem Pfarrer, der mich bekehren sollte. Dieser Pfarrer hatte aber nichts Besseres zu tun, als mich anzufassen. Da hat's mir gereicht."

Der Absolutheitsanspruch des Christentums löste bei vielen Hinduphilosophen Befremden aus. Sie waren bereit, Christus als Propheten anzuerkennen, jedoch nicht als den einzigen. Der Hinduismus kennt keinen ersten und einzelnen Urheber, wie es ihn in der christlich-abendländischen Tradition gibt. Die Einzigartigkeit, mit der Christus in die Geschichte trat, um seine Religion zu verkünden, ist den Hindus fremd. Da sie den Weltprozess als zyklisch, also ohne Anfang und Ende sehen, tauchen nach ihrer Auffassung immer wieder weise Männer und göttliche Inkarnationen in unserer Welt auf, um die Wahrheit zu verkünden. Deshalb würdigt der Hinduismus prinzipiell auch die Werte anderer Religionen. Häufig verehrt ein Hindu christliche oder muslimische Heilige, ohne daran zu denken, zum Christentum oder zum Islam überzutreten. Von Mahatma Gandhi, der sich für Jesu Weg der Gewaltlosigkeit und des Leidens für die Armen und Unterdrückten der Gesellschaft begeisterte, erzählt man folgende Geschichte: Ein Missionar sagte zu ihm, er halte ihn für einen Jünger Jesu. Daraufhin erwiderte Gandhi freundlich: *"Das bin ich auch, wenn auch in einem anderen Sinne, als Sie es vielleicht meinen. Denn ich bin zugleich ein Jünger Buddhas, Krishnas und Mohammeds. Sie wollen ja alle dasselbe: Wahrheit, Liebe und Gerechtigkeit."*

„Was gefällt dir am Christentum nicht, sofern man überhaupt von *dem* Christentum sprechen kann?", fragte ich Uma. „Es wird halt viel gepredigt und gesagt, aber in die Tat umgesetzt wird natürlich – wie auch hier – nur ganz wenig. Es gibt eben überhaupt nur wenige Menschen, die sich wirklich für die spirituellen Dinge interessieren." „Aber hältst du das Christentum nicht insgesamt für viel praxisorientierter als den Hinduismus?", wollte ich wissen. „Es kann sich doch nicht jeder in eine Höhle setzen und auf Erleuchtung warten." „Es muss ja gar nicht jeder diesen Weg gehen", antwortete sie. Das ist nur für die, die ganz versessen darauf sind, Gott wirklich zu finden. Man kann Gott auch im alltäglichen Leben verwirklichen."

„Bist du der Meinung, der Hinduismus habe ein positiveres Menschenbild als das Christentum – wenn man einmal davon ausgeht, dass er dem Menschen zugesteht, dass er sich selber entwickeln kann und entwickeln muß? Ist es nicht so, dass man im Hinduismus davon ausgeht, der Mensch sei dazu geboren, sich von Leben zu Leben innerlich immer weiterzuentwickeln, bis er irgendwann die irdische Welt hinter sich lässt und sich mit Gott, der Schöpfung, dem Unendlichen vereinigt?" Sie dachte lange nach und sagte dann: „Hm, ja, da hast du Recht. Wenn man sich innerlich gar nicht weiterentwickeln darf, was? Aber dann gibt's eben auch die, die sich ganz einfach weiterentwickeln, die sich nichts gefallen lassen, nicht wahr?" Ich hakte nach: „Es besteht doch im Hinduismus die Auffassung, dass man sich selber erlösen kann, oder?" „Also", antwortete Uma, „es liegt schon viel an dir selber, aber Gottesgnade ist auch wichtig. Man sagt, drei Gnaden sind wichtig: Die Selbstgnade, Gottes Gnade und die Gnade vom Guru." „Was heißt denn Selbstgnade?", fragte ich. „Sich selbst gegenüber mild zu sein?" „Uns selbst gegenüber gnädig sein", antwortete Uma. „Aber um weiterzukommen, muss man auch was tun. Man muss tun, was man kann, und was man tut, ist immer noch zu wenig."

„Wenn du sagst: Alles ist Gott, heißt das dann nicht auch, dass du selber Gottidentität erreichen kannst? Im Christentum käme dies wohl Gotteslästerung gleich." Uma schien etwas ungehalten. „Ach, weißt du, das ist nicht man selber, nicht der Körper, das ist die innerste Seele, ausschließlich! In der vollkommenen Einheit nimmt man den Körper überhaupt nicht wahr. Dann ist einem bewusst, dass außer Gott gar nichts ist. Die Steine, der Mond, die Bäume und die Wolken, das ist doch dann alles Gott und göttlich." „Dann glaubst du nicht, wie es doch verschiedene philosophische Schulen in Indien vertreten, dass das, was wir begreifen können, nur ein Bruchteil von dem ist, was eigentlich ist?" „Ach, mit Verstand hat das gar nichts zu tun, das geht über den Verstand hinaus. Da kommt der Verstand gar nicht mit. Nein, alles ist Gott und nichts als Gott."

„Und dann bist du nach Indien gegangen?", fragte ich, um wieder auf Umas Leben zurückzukommen. „Ja. Weißt du, ich war damals so suchend. Ich dachte, ich halte das nicht mehr aus, hier komme ich nicht mehr weiter. Ich muss jetzt nach Indien und die Wahrheit selbst herausfinden." „Was ist denn *die Wahrheit*? Gibt es die überhaupt?" „Das, was früher war, jetzt noch ist und bestehen bleibt, das ist wahr und wesentlich, die einzige Wahrheit. Alles andere kommt und geht." "War es denn damals einfach, ein Visum zu bekommen?" "Nein. – Trotz des vorzuweisenden Papiers vom Shivananda-Ashram. Als ich es endlich in meinen Händen hielt, packte ich sofort meine Koffer. Es war höchste Zeit. Mein Vater wollte mich an einen Bauernsohn verheiraten – aber was sollte ich denn mit so 'nem Mann?"

Ein lebensverändernder Schritt

Es war Mai 1959, als Rosa Schmitt Deutschland verließ. Die Künstlerin Lora Friedrich Gronau und ihr Meister Richard Rother waren damals die Einzigen, die von ihren Plänen wussten. "Wusstest du denn, dass du für immer bleiben würdest?", fragte ich sie. "Nein, ich wollte erstmal nur gucken", erwiderte Uma. "Mein Meister hatte mir erzählt, in Indien gäbe es schöne Skulpturen. Da könne ich viel lernen. Und dann bin ich angekommen. Es war so heiß! Ich hatte für Swamiji von zu Hause Maiglöckchen mitgebracht. Die waren nach der viertägigen Reise natürlich völlig vertrocknet. Ein sympathischer Taxifahrer hat mich vom Flughafen in ein *Christian Ladies' Hostel* gebracht. Am nächsten Morgen habe ich den Zug nach Haridwar genommen. Beim Suchen eines Sitzes habe ich tatsächlich noch eine andere Deutsche getroffen, die auch zu Swamiji wollte. Wir haben natürlich den Ausstieg verpasst und sind in Dehra Dun gelandet. Wir mussten den ganzen Weg zurückfahren."

In Rishikesh traf Uma zum ersten Mal auf Swami Shivananda – ihren zukünftigen Guru. Eigentlich heißt Guru nicht mehr und nicht weniger als „Lehrer". Das Konzept des Gurus beruht auf dem Gedanken, dass ein Mensch, der Gott verwirklicht hat, seinen Mitmenschen immer wieder vor Augen führt, was der Mensch sein kann und sein soll. Die Funktion des Gurus besteht also nicht darin, theoretisches Wissen zu vermitteln. Der Psychiater Medard Boss, der sich lange Zeit in Indien aufhielt und so genannte Heilige beobachtete, stellte fest, diese seien *„der lebendige Beweis für die Möglichkeit menschlicher Gesundung und Reifung bis zu einem unzerstörbaren und inneren Frieden, reiner glücklichen Freiheit von Angst und Schuld und einer abgeklärten, selbstlosen Güte und Gelassenheit."* Man sollte allerdings anmerken, dass ein Großteil der Heiligen eher Scheinheilige sind. Echte Heilige sind selten.

„Kannst du beschreiben, wie das war, als du Shivananda zum ersten Mal sahst? War das ein Wiedererkennen?", fragte ich Uma. Ein Lächeln umspielte ihr Gesicht. „Er stand wie ein Fels vor mir, riesengroß. Hat nichts gesagt, hat mich nur angeschaut, und ich habe ihn – alle haben ihn – angeschaut. Und hinter seinem Kopf hab ich einen Schein gesehen, so eine richtige Aura. Dann hat er gesagt: ,*My rose has come from Germany.*'" „Glaubst du, ihr kanntet euch schon aus einem früheren Leben?" „Er glaubte das. Weißt du, ich habe später auf dem *Central College of Carnatic Music* klassische indische Musik studiert – Gesang, *Veena* und Flöte. Swamiji sagte, wer so die indische Musik spielen kann, der müsse schon einmal in Tamil Nadu geboren worden sein, das könnten nicht einmal die Nordinder. Es könne auch sein, dass ich schon einmal seine Schülerin war."

„Glaubst du auf diese Weise an die Wiedergeburt? Dass sich die Seele einen neuen Körper aussucht? Könnte es nicht auch sein, dass ich mich nach dem Tod wieder in der Welt auflöse, dass ich zeitlos bin, da ich schon einmal Stein, Fluss, Luft, Baum war?" „Die Seele kommt so lange zurück, wie sie noch zu lernen hat", antwortete Uma, „wie sie noch Wünsche hat, die zu befriedigen sind. Ganz automatisch kehrt sie zurück. Diejenigen, die Weisheit erlangt haben, bleiben entweder in der jenseitigen Welt oder kehren zurück, um anderen, sich quälenden Seelen zu helfen."

„Es ist doch ziemlich erstaunlich, dass du damals als junge Frau aus dem Westen Zugang zu einem von Männern dominierten Hindukloster bekamst. Wie erklärst du dir das?" „Diese Offenheit hatte ausschließlich mit Swami Shivanan-

Rosa Schmitt (vorne links), um 1950 (Foto von Anna Heßdörfer)

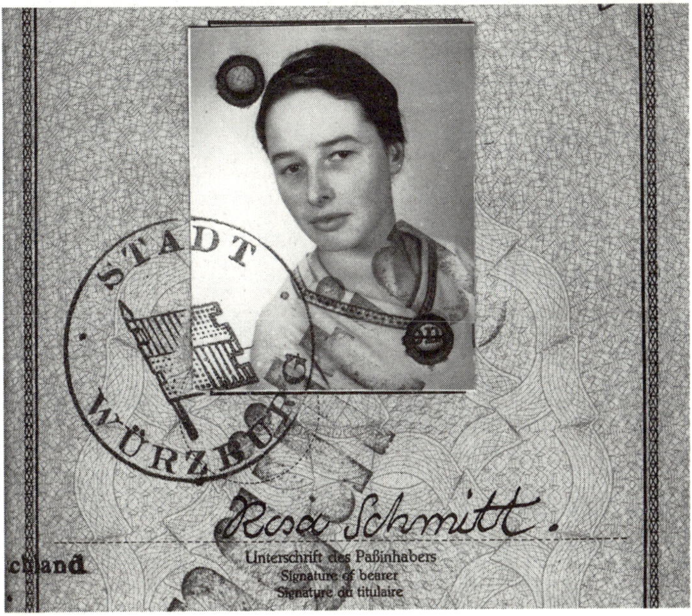

Paß von 1956

Uma, in der Nähe ihrer Höhle, um 1970 (Foto von Ernst Stürmer)

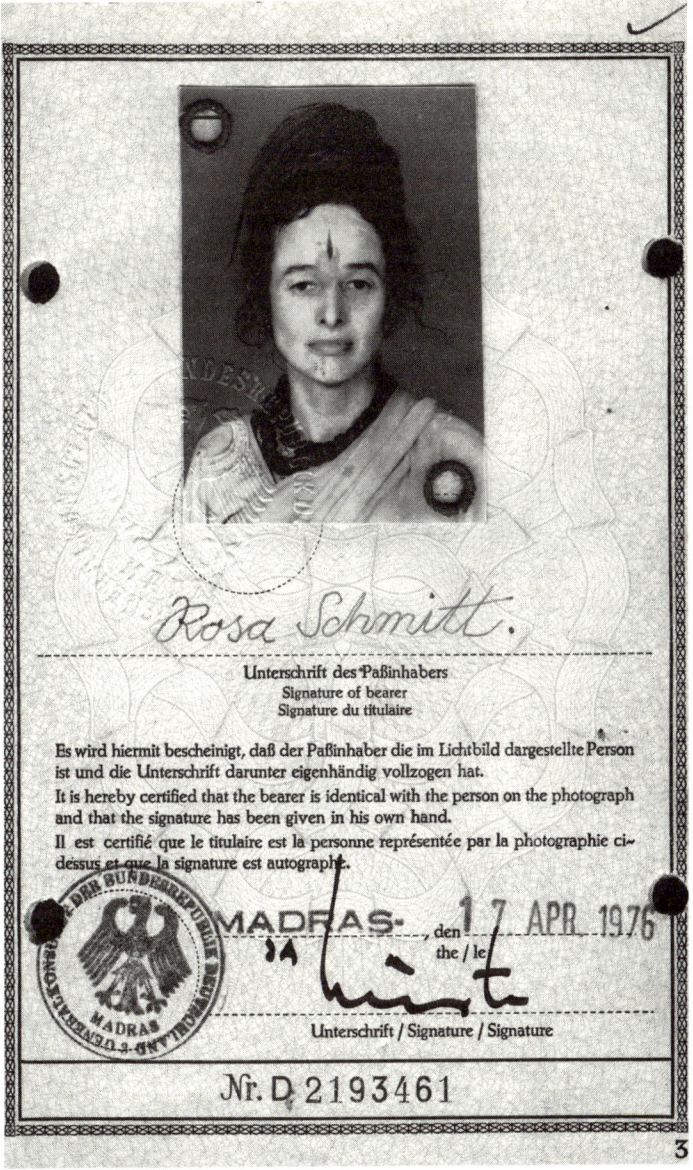

Paß von 1976, als Uma in Madras Musik studierte

Ende der 80er Jahre vor ihrer Höhle (Foto von Barbara Rausch)

Umas „Küche", Ende der 80er Jahre (Foto von Barbara Rausch)

Mit anderen Sadhus bei der kostenlosen Essensausgabe, Gangotri 2001

Uma, Flöte spielend, 1999 (Foto von Mathias Tietke)

Yamuna vor ihrer Höhle, 2001 (Foto von Cornelia Kaufmann)

Gangaram, 2000

Yamuna in der Jhillmill Gufa, 2001 (Foto von Cornelia Kaufmann)

Yogi Shankara Das, 2001

da zu tun. Er verstand Hinduismus als Teil einer ‚Universalreligion' – offen für alle. Er war der Ansicht, dass im Grunde alle Religionen Ausdruck des Begreifens der einen Wahrheit seien. Er hat sich so um uns gekümmert, war unglaublich bemüht, uns zu fördern!"
Der Ashram war die einzige spirituelle Einrichtung im Ort, in der auf Englisch unterrichtet wurde. Man war Ausländern gegenüber offen, denn Swami Shivananda wollte die Weisheit jener alten Philosophie auch im Westen verbreiten. Uma bekam Unterricht in *Sanskrit*, Yoga und Hindu-Philosophie. *Sanskrit*, die uralte Sprache, in der die Veden und andere heilige Schriften verfasst sind, wurde ihr von Swami Jnananda beigebracht, Hindi und Englisch lernte sie durchs Zuhören bei Vorlesungen von Swami Jyotirmananda, der in die USA ausgewandert ist. Sri Swami Shivananda, Meister des *Bhakti*-Yoga, war ihr spiritueller Lehrmeister. Einige seiner Schüler gaben den Schülern *Asana*-Stunden – so auch Swami Vishnudevananda, der ihr ein enger Vertrauter wurde. Swami Vidyananda war ihr Musiklehrer. „Der hat sich als Einziger so richtig um mich gekümmert, hat mein Seelenleben überwacht", erzählte sie. „Ein gutes Verhältnis hatte ich auch noch zu Chitkanananda!" „Wer ist das?", wollte ich wissen. „Mein Vedenlehrer." Ich war erstaunt. „Sind zum Studium der Veden nicht nur Männer aus den oberen Kasten zugelassen?" „Ja, deshalb blieb ich vom Unterricht ausgeschlossen. Um doch etwas mitzubekommen, setzte ich mich vor die Tür des Unterrichtszimmers und lauschte heimlich den Worten des Swamis. Einmal ertappte er mich jedoch und fragte, warum ich da säße und was ich da schreibe. Ich habe ihm erklärt, dass ich unbedingt die Veden studieren will. Das hat ihn beeindruckt. Da drinnen saßen seine männlichen Schüler und hatten nicht den halben Eifer wie ich – eine Frau." So wurde Uma die Privatschülerin des Swamis. Es sollte schwer für sie werden, in der von Männern dominierten Gesellschaft anerkannt zu werden, aber Uma wusste, was sie wollte, nämlich Gott finden, und davon ließ sie sich durch keine Regeln

abbringen. „Das Studium war mir unglaublich wichtig. Ich hab immer nur studiert, studiert, studiert im Shivananda-Ashram. Man lernt niemals aus. Auch wenn man ein Meister ist. Solange man lernen kann, ist man jung."

„Kannst du sagen, was die Veden für dich für eine Bedeutung haben?", fragte ich sie. „Sie weisen auf die Einheit hin", war die Antwort. „In der ganzen runden Welt gibt es keinen Weg, der von alters her so gegangen ist wie der des *Veda*. Ich glaube, dass jeder ernsthaft Suchende irgendwann mal nach Indien muß. Da kommt er am schnellsten voran." Ich runzelte äußerst skeptisch die Stirn. Das war eine sehr pauschale Aussage. „Es gibt aber doch auch andere Wege, um die Einheit zu erreichen", gab ich zu bedenken. „Was ist zum Beispiel mit *Sufi*-Tanz im Islam?" „Weiß' nicht, das kann schon sein", antwortete Uma. „Ich hab's noch nicht probiert. Ich konnte die Mystiker erst richtig verstehen, als ich die indischen Sachen gelernt hab. Aber vielleicht ist das auch individuell verschieden? – Wie's einem halt besser liegt..."

„Was passiert beim Rezitieren?", wollte ich wissen. „Es hält einen in einer höheren Sphäre." „Das Rezitieren bringt einen in einen Meditationszustand?" „Ja, man sollte in der höchsten Meditation sein und von dieser Warte aus die Veden rezitieren." „Hast du dich auch intellektuell mit den Texten auseinander gesetzt?" „Ja, freilich, das muss man schon! Ach du, die alten *Rishis*, die wussten schon Dinge, wo die Wissenschaftler jetzt erst hinterkommen." „Gibt es in den heiligen Schriften ein Kernstück, das dir besonders am Herzen liegt?" „Weißt du, es führt uns doch alles da hin, wo wir sein sollen, das sind alles Hilfen dazu."

„Rezitierst du selber noch manchmal?", fragte ich sie. „Ja, was man da gelernt hat, das sollte man immer wieder auffrischen, täglich rezitieren, wenn man kann. Das hat eine gute Wirkung und verhindert, dass man nicht immer weiter *down* und *down* kommt." „Kannst du mal einen Vers rezitieren, einen, der dir besonders wichtig ist?" Sie dachte nach. „Es gibt so viele!" Dann rezitierte sie das *Upanishad Shanti Mantra*.

Ich bat sie zu übersetzen. Sie kam meiner Bitte nach: *"Das Volle ist das Volle. Wenn man vom Vollen das Volle wegnimmt und wieder zum Vollen dazutut, bleibt das Volle übrig."*

„Das war die Hölle!"

Uma erzählte, sie habe sich schnell den Ashramverhältnissen angepasst. Sie verzichtete auf das Taschengeld, das ihr zustand, was ihr die Hochachtung des Swamis einbrachte. Neben ihr lebten noch einige andere Ausländerinnen im Ashram, die jedoch selten für längere Zeit blieben. Shivananda sah sie jeden Abend beim *Satsanga,* wenn er mit den Ashramiten zusammensaß. Manchmal bat er sie zu singen oder Flöte oder *Veena* für ihn zu spielen. „Er hat sich so um uns gekümmert, war so freundlich, so gut!", erinnerte sie sich. „Von Visaproblemen bis hin zu spirituellen Fragen – er hat sich um alles gekümmert. Das war die glücklichste Zeit, als er gelebt hat. Ich habe den ganzen Tag nur gelernt." „Hast du auch alleine mit ihm gesprochen?", wollte ich wissen. „Ganz selten", antwortete sie. „Aber manchmal, wenn die anderen weg waren – ich stand in der Ecke und hab ihn angeschaut –, da hat er schnell mit mir gesprochen." „Was bedeutet dir Shivananda noch? Es heißt doch immer: Dein Guru bleibt immer dein Guru. Hältst du manchmal noch Zwiesprache mit ihm?" „Ja, wenn's nötig ist. Manchmal spricht er dann im Traum zu mir."

„War die Ashram-Zeit eine glückliche Zeit für dich?" „Nur, als Swamiji noch da war. Ansonsten war es die Hölle. Ich bin immer schlecht angeschaut und falsch angeschuldigt worden." „Warum denn?" „Ja, aus Neid, denke ich. Ich hab halt schön ausgesehen und konnte gut singen ... Wenn ich mit meinem Vedenlehrer auf der Dachterrasse saß, kamen manchmal Steine geflogen. Einmal hat mir auch eine Frau einen Becher Urin vom Dach aus über den Kopf gegossen – aus Absicht. Ich bin weinend hinunter zum Ganges gelaufen."

Ich war überrascht: So etwas hätte ich gerade in einem Ashram, einem Zentrum spiritueller Wahrheitssuche, nicht für möglich gehalten. Anscheinend war ich diesbezüglich etwas naiv gewesen. „Kannst du etwas näher beschreiben, was es mit diesen falschen Anschuldigungen auf sich hatte?", bat ich Uma nun. „Die Männer haben mir halt gesagt, ich dürfe nicht lachen, nicht mit Männern sprechen – ja, nicht einmal schnell laufen, da sonst ‚alles verführerisch wackele'. Ich sollte auch niemandem in die Augen schauen. Aber *die* haben mich ja immer angesprochen, ich war halt höflich und hab geantwortet. Was sollt ich denn machen? Sollt ich denen 'nen Schlappen ins Gesicht knallen und mich wegdrehen? Also, versucht haben die's auch ..." „Wer? Aber nicht die Swamis, oder?" „Na, die Schüler und auch solche, die schon Swamis waren. Die haben dann gesagt, die Götter seien auch alle verheiratet gewesen. So haben sie versucht, mich rumzukriegen. Na ja, die haben halt gedacht, so 'ne westliche Frau, das ist ein leichtes Mädchen, die ist sofort rumzukriegen. Einmal wurde ich zum Swami gerufen und er zählte zehn Männer auf, mit denen ich geschlafen haben sollte." „Was hast du geantwortet?" „Dass ich noch nie mit einem Mann geschlafen habe. Dass ich noch so sei, wie ich aus der Mutter herausgekommen bin. Wer das denn behaupten würde? Er ließ sich nur im Sessel zurückfallen und sagte: ‚*Allright, you can go.*'"

„Warum ist dir das Zölibat eigentlich so wichtig?" „Ja, was soll ich da sagen? – Da hat man seine innere Ruhe, seine innere Gelassenheit, seine innere Wachheit. Man ist unabhängig von den Sinnen. Man ist dann sensibel, man ist offen – und nicht abgestumpft. Deshalb sollten ja auch die Pfarrer im Christentum im Zölibat leben. Aber die haben ja eigentlich nur für die Gemeinde zu sorgen. Die wollen doch nicht wirklich zu Gott kommen. Das sind eben so *social workers*. Die tun ein gutes Werk, nicht? Und wenn eine Frau dabei ist, das macht doch nichts." Sie lacht. „Die kann auch mithelfen. Die macht die Gemeinde dann noch glücklicher.

Und wenn Kinder da sind, die können auch mithelfen. Wieso denn nicht? – Aber wer wirklich zu Gott kommen will, der sollte damit besser nichts zu tun haben. Man ist abgesichert, von dem, was so die ganze Welt ist. Man ist in 'nem ganz anderen *Trend* drin."

Mit dieser Aussage distanzierte sich Uma auch von den Tantrikern, die der Ansicht waren, man könne sich auch über das Physische, also den Körper, mit dem Unendlichen vereinigen. Überhaupt schienen Uma die Tantriker äußerst suspekt zu sein, und sie bedachte sie oft mit dem Zusatz „so n oller".

„Hättest du dir früher mal vorstellen können, mit einem Mann zusammenzuleben?", fragte ich nun. „Ich hab bis jetzt noch keinen Mann erlebt, der mir wirklich gefallen hätte", antwortete sie. „Bin ich daran Schuld, oder hab ich einfach noch nicht das Glück gehabt?" Sie runzelte die Stirn. „Hast du es manchmal bereut, dass du das Zölibat gewählt hast?", fragte ich. „Nein, nie!" „Warst du denn in Deutschland mal verliebt?" „Verliiiebt!" Sie brummte abschätzig vor sich hin. „Na ja, also da kann's mal sein, dass einem jemand gefallen hat, aber ..."

„Ist dein Ansehen hier mit der Zeit ein wenig gestiegen?" „Erst, als ich die Göttinnen Durga und Sarasvati und Lakshmi zu *Navaratri*, den neun heiligen Nächten der Göttin, modellierte. Die eigentlichen Statuen waren auf der Zugfahrt von Kalkutta nach Haridwar zu Bruch gegangen. Da war das Fest schon drei Tage im Gange. Irgendjemand wusste, dass ich Figuren machen kann. Und da fragte mich Swami Shivananda, ob ich in drei Tagen Figuren machen könne. ‚Ja', habe ich geantwortet, ‚bringt mir halt Ton und Steine'. Und innerhalb von drei Tagen habe ich sie modelliert. Der Swamiji war so begeistert, dass er mich fragte, ob ich sie ‚ewig' machen könne. So baute ich sie noch einmal frei in Gips auf. Von da an war ich respektiert. Durch die Plastiken.

Ich bin dann sehr krank geworden, hab Typhus bekommen", fuhr sie fort. „Es war Pilgerzeit. Die Pilger haben alle in den Ganges geschissen. Das Wasser wurde dann als Trinkwasser in Eimern hoch zum Ashram getragen. Im Ashram hat es damals nicht mal Wasserleitungen gegeben – und keine Klos. Zweimal war ich fast tot, habe nur gesagt: ‚Gott, nimm mich zu dir.' Ich wäre bereit gewesen. Es war so schön, so einfach wegzudriften. Der Arzt sagte, ich bräuchte nicht ins Spital. Man wisse ja ohnehin nicht, was für eine Krankheit ich aus Europa mitgebracht hätte. – Aus Europa! Wochenlang dämmerte ich vor mich hin. Ich bekam nichts zu essen. Das macht man beim Typhus so – damit die Bakterien keine Nahrung mehr haben! Die hätten mich fast verhungern lassen! Keiner hat sich um mich gekümmert. Swami Shivananda war zu dieser Zeit bereits bettlägerig. Ein junger Mann empfand Mitleid mit mir und brachte mir regelmäßig etwas zu essen. Als man das herausfand, schloss man die Tür von außen ab. Als er das nächste Mal kam, dachte er, es wäre niemand da und stellte die Mahlzeit vor die Tür. Es roch bald nach Essen, und ich begriff, dass jemand etwas draußen abgestellt hatte. Da lag ich nun mit einem Wahnsinnshunger und musste mitanhören, wie sich erst die Raben, dann ein Hund über das Essen und zu guter Letzt eine Kuh über das Bananenblatt hermachten. Ich habe diese Zeit nur überstehen können, indem ich mir immer wieder sagte: ‚Das bin nicht ich, die da leidet, das ist ja nur mein Körper.'" "Hast du dich nicht furchtbar verlassen gefühlt in dieser Zeit?" "Ich habe doch gar nichts mehr mitbekommen." Ich dachte an Yamuna, die ich dasselbe gefragt hatte, als ich erfuhr, dass sie in der Höhle eine schwere Lungenentzündung sowie eine Blutvergiftung gehabt hatte. Auch sie hatte verneint und mir folgende Begründung gegeben: "Eine Krankheit kann, wenn sie nicht sehr schmerzhaft ist, auch sehr nützlich sein. Es ist wichtig, zu sehen, dass es eine *mind-body-connection*, also eine Verbindung zwischen Körper und Geist, gibt. Die Natur zwingt dich, nach innen zu schauen – nichts kommt von nichts. Kopfläuse sind übrigens auch eine gute Konzentrationsübung. Sie zwingen dich, die Sinne abzuschalten."

Uma fuhr fort: „Als ich wieder ansprechbar war, haben sie mich ins Krankenhaus nach Dehra Dun geschafft. Dort lebte ein Sikh, der auch Schüler von Shivananda war. Seine Frau war Lehrerin. Er hat mich mit zu sich nach Hause genommen und mir zu essen gegeben. Als er mir Eier geben wollte, sagte ich, Shivananda sage, man solle im Sannyas keine Eier essen. Da erwiderte der Mann: ‚Du bist krank, du musst die Eier essen. Da hätte auch Shivananda nichts dagegen.' Also habe ich sie gegessen. Auch dort hatte ich nicht wirklich meine Ruhe. Da war ein Mann, der mich unbedingt zur Frau haben wollte. Er hatte mich schon im Ashram beobachtet, kam von den Army-Baracken in der Nähe. Er war Militäroffizier und der Neffe der Frau des Arztes. Seine weiblichen Verwandten sind zu Shivananda und haben ihn bedrängt, mich herzugeben. Sie wollten sogar für mich bezahlen. Shivananda machte mir dann den Vorschlag. Ich sei jung und solle mir das gut überlegen. Vielleicht sei dieses Leben in diesem Lebensstadium doch angemessener. Ich wurde furchtbar wütend." „Ich erinnere mich daran, dass der Buddha, bevor er der Welt entsagte, auch erst ein weltliches Leben führte. Muss man nicht erst wissen, worauf man eigentlich verzichtet, bevor man sich für die Askese entscheidet?" „Es mag vielleicht ein Problem sein, wenn Mönche schon als Kind ins Kloster gebracht werden, aber ich wusste genau, warum ich verzichten will."

„Wie lange warst du krank?", fragte ich. „Drei Monate. Der Rückfall war noch schlimmer als die erste Erkrankung. Dieses Mal wurde ich nach Moussorie, einer *Hillstation* – das ist ein Überbleibsel aus der Kolonialzeit – in ein christliches Krankenhaus gebracht. Dort musste man nichts zahlen. Mein Herz wurde immer schwächer und kam dann fast zum Stillstand. Die Haare fielen mir in Büscheln aus, die Zähne waren vollkommen kaputt. Die Einstichstellen all der Spritzen infizierten sich. Mein ganzer Körper war eine einzige, zerschundene Wunde. Ich hatte solche Fieberschübe, dass ich im Bett hochhüpfte. Deshalb legte man dicke Decken auf mich. Als es mir ein wenig besser ging, brachte man mich zurück in den Ashram. Ich wollte dann nicht wieder in dieses schreckliche Zimmer, aber sie haben mich wieder in das gleiche gesteckt. Ein Mantra, das da irgendwo jemand gesungen hat, hat mich wieder zurückgebracht."

Die *Sannyasini*

„An *Mahashivratri* 1960 bekam ich meine Initiation." „Das heißt, du hast Sannyas genommen?" „Ja. Shivananda hatte ja nun gemerkt, wie ernst es mir war." „Was bedeutet es, Sannyas zu nehmen?" „Es bedeutet, allen weltlichen Bindungen zu entsagen. Das betrifft Besitzgüter ebenso wie menschliche Beziehungen. Nur die Bindung zum Guruji bleibt." „Hast du bei der Initiation auch deinen Namen bekommen?" „Ja, zumindest den ersten Teil – *Uma Shankarananda*." „Was bedeutet der Name?" „Uma ist die Göttin Parvati, und Shankar ist der Gott Shiva. Der Name weist auf die Einheit von beiden und damit von allem anderen hin." „Und was heißt *Ananda*?" „‚Freude an' oder ‚Tochter von'. Der Beiname *Giri* – vom Berg – stammt aus meiner späteren Höhlenzeit …"

Plötzlich runzelte sie die Stirn. „Aber … – Ich würd' keinem raten, auf diese Weise Sannyas zu nehmen!" Ich war überrascht. „Warum?" „Ich finde, da gehört eine Reformation rein. Es ist nicht richtig, sich die Lebenswurzeln abzuschneiden. Auf dem spirituellen Weg sollte man frei sein von existentiellen Sorgen. Die behindern einen eher, als dass sie einen weiterbringen. Da wachsen einem die weltlichen Probleme über den Kopf, so dass man auch auf seinem geistigen Pfad nicht weiterkommt. Wenn du einer Pflanze die Wurzeln abschneidest, verkümmert sie auch. Wenn man etwas aufgibt, sollte man nicht die Lebensgrundlagen aufgeben, sondern lieber die inneren Schlechtigkeiten. Ich habe im Shivananda-Ashram viele junge Leute gesehen, deren Leben kaputt war. Erst waren sie begeistert: ‚Ja, Sannyas nehmen!', dann haben sie's gemacht, und keiner hat sich um ihr Seelenleben gekümmert."

Ich sprach Uma auf Yamunas eher gegensätzliche Meinung zu diesem Thema an. „Man bekommt immer gerade so viel, wie man zum Leben braucht", hatte sie gesagt. „Solange du deine Aufgabe auf Erden erfüllst, wirst du genug zu essen haben." Ihr Ansatz zeugte von großem Gottvertrauen beziehungsweise Vertrauen darein, dass man, wenn man sich auf vertrauensvolle und wache Art in den Strom des Lebens einfügte, auch Gutes erfahren würde. Sie selber war wohl das beste Beispiel, dass ein solcher Lebenswandel durchaus möglich war. „Weißt du", war sie fortgefahren, „mit zwölf Jahren habe ich mir mal die Frage gestellt: ‚*freedom or security?*' und bin zu dem Schluss gekommen, dass nur eins wirklich möglich ist." „Was machst du, wenn du krank daliegst?", hatte ich gefragt. „*Om Namah Shivaya* – mein tiefstes Sein verneigt sich mit aller Kraft vor dem ewigen und unendlichen Gott, der ungeschöpft ist und doch immer neu erschafft."

Bereits beim Zuhören runzelte Uma wieder die Stirn und sagte dann: „Ne, weißte, das finde ich ein bisschen unvorsichtig und auch unverantwortlich, man hat doch eine Verantwortung für sein Leben, für seinen Körper – auch als Sannyasi! An solchen Erlebnissen begreift man natürlich, dass da geistige Kräfte ruhen, die man so nicht sieht, die man weiterentwickeln muß. Negative Gedanken führen natürlich negative Dinge herbei, positive Gedanken positive Dinge. Aber wenn man jünger ist, geht alles noch viel einfacher, aber wenn man älter ist, geht's vielleicht nicht mehr. Weißt du, Unabhängigkeit ist das Wichtigste, vor allem als Frau. Es muss ja nicht mehr als das Notwendigste sein, was man besitzt: ein Dach überm Kopf, etwas zu essen, etwas anzuziehen und auch Medizin. Heute ist es nicht mehr so einfach, als Bettelmönch durch die Straßen zu ziehen. Die Zeiten haben sich geändert. Stell' dir mal vor, man wird krank! Um Gottes Willen! In Indien krank zu werden, das ist kein Spaß! Nein, das ist wirklich nicht der Zweck der Übung! Man kann hier nicht mehr einfach so als Eremit leben und sich auf Gott verlassen." „Wie könnte denn Sannyas deiner Meinung nach idealerweise aussehen?" „Man braucht eben entweder etwas auf der Bank oder ein kleines Einkommen, oder der Guru gibt seinem Schüler ganz einfach so viel, dass er auskommt. Mein Guru war alt, ich war jung, er ist gestorben und ich war allein. Das gibt's auch. Da muss er einen wenigstens vorbereiten, wie man irgendwie durchkommt."

„Ist es nicht auch üblich, erst im letzten Lebensstadium Sannyas zu nehmen?", wollte ich nun wissen. „Ja, eigentlich schon", antwortete sie. Aber seit Shankaracharya ist es erlaubt." „Wer ist Shankaracharya?" „*Acharya* heißt Lehrer und Gelehrter. Also der gelehrte Lehrer Shankara. Er gilt nach dem *Dig vijaya* als Wiedererrichter der vedischen Orthodoxie und lebte im achten bis neunten Jahrhundert nach Christus, in einer Zeit, in der ganz Indien völlig kaputt war. Neben anderen Reformbewegungen hatte der Buddhismus so stark überhand genommen, dass jeder Bettelmönch wurde. Es wurden keine Felder mehr bestellt, keine Geschäfte mehr erledigt. Wo ein Bettelmönch seine Schale hinhielt, kam ihm eine andere Bettelschale entgegen. Shankaracharya kam aus einer Brahmanenfamilie in dem südindischen Bundesstaat Kerala. Als die Mutter gerade mit ihm schwanger war, starb der Vater. Da hat die Familie die Frau aus dem Haus rausgeworfen und gesagt, das Kind sei nicht von ihrem Sohn. Da hat sie ihn im Tempel geboren, hat ihn selber erzogen. Als er dann die Veden und Sanskrit lernen wollte, sagte der Lehrer, das sei nicht möglich. Man wisse ja nicht, ob er wirklich Sohn eines Brahmanen sei. Er wurde nicht in der Schule zugelassen, er setzte sich aber draußen vors Fenster und lernte heimlich alle vier Veden. Eines Tages ging er mit seiner Mutter zum Baden in einen See. Da hat ihn ein Krokodil hinten an der Ferse gepackt und wollte ihn in die Tiefe ziehen. Da hat er zu seiner Mutter gesagt: ‚Mutter, ich muss Sannyas nehmen – jetzt sofort – wenn du willst, dass ich lebe. Wenn das Krokodil mich jetzt loslässt, nehm ich sofort Sannyas.' Da hat das Krokodil

ihn losgelassen, und er ist raus, hat sofort seine Mutter verlassen und ist in den Himalaya. Dort hat er bei einem *Guru Govinda* Sannyas genommen. Es gab dort auch einen *Rishi*, der lebte zusammen mit seiner *Rishipatni*, seiner *Rishi*frau."
„Die *Rishi*s hatten Frauen?" „Ja, *Rishi*s hatten Frauen. Sie mussten ihr Wissen ja weitergeben an ihre Söhne. – Also, dieser hat seine Frau Badmukhra gehabt. Den ganzen Tag haben sie die Veden rezitiert und *Yagyas*, Feueropfer gemacht. Sie waren allerdings ganz fest eingezäunt, da durfte und konnte niemand rein. Shankaracharya hatte von dem *Rishi* gehört und fragte die Leute, wo er ihn finden könne. Da antworteten die Leute: ‚Wo die Papageien oben auf der Wand und auf den Bäumen die Veden rezitieren.' Er fand die Stelle, und kletterte auf einen Baum, dann auf die Mauer und hinüber – mit seinen Sannyasgewändern. Er setzte sich zu den beiden, hörte ihnen beim *Yagya* zu. Als sie fertig waren, knöpfte sich der *Rishi* den Shankaracharya vor und fragte: ‚Wie kommst du dazu, als so junger Mann Sannyas zu nehmen? Das ist nicht richtig. Du musst erst heiraten, das heißt, als *Grihasta*, als Familienvater deine Pflicht erfüllen, dann als *Vanaprasta* leben – weißt du, da bereitet man sich auf's Sannyas vor – und dann kannst du erst Sannyas nehmen!' ‚Aber ich weiß doch alles', antwortete Shankaracharya. Da sagte der *Rishi*: ‚Wenn du all die Fragen, die ich dir nun stelle, richtig beantwortest, darfst du deine Sannyasgewänder anbehalten, wenn nicht, wirst du zwangsverheiratet.' Es fand ein heftiges Wortgefecht statt, und Shankaracharya beantwortete die Fragen so gut, dass der *Rishi* sprachlos war. Da trat aber die *Rishipatni* auf die Bühne und sagte: ‚Bilde dir nicht ein, du hättest meinen *Rishi* besiegt. Ich bin die andere Hälfte des *Rishis*, nun musst du mich erst noch besiegen!' Dann hat sie ihm eine Frage gestellt, natürlich über Frauen, die nur ein verheirateter Mann wissen kann oder auch überhaupt nicht wissen kann, deren Antwort nur Frauen wissen können. Shankaracharya bat die Frau um einen Monat Zeit, danach könne er ihr sagen, was sie wissen wolle. Sie willigte ein.

Er legte sich sofort hin und ließ seine Seele aus seinem Körper herausgehen. Seinen Schülern sagte er, dass sie seinen Körper beaufsichtigen sollen, damit ihn niemand verbrenne oder denke, er sei tot. Es war gerade ein König gestorben, in dessen Körper ist er hineingefahren. Der König wachte wieder auf und lief gleich zu seiner Königin. Da hat er dann alles ausprobiert, was es so auszuprobieren gab, hat alles ausgekundschaftet!" Ich lachte. Uma fuhr fort: „Die Schüler wurden unterdessen schon unruhig, riefen ihn zurück. Sie könnten nicht mehr länger garantieren, dass mit dem Körper nichts geschehe. Dann ist er wieder zurück in seinen Körper, und der König ist wieder zusammengeklappt da oben!" „Und dann ist er natürlich zur *Rishi*frau und hat ihr ihre Frage beantwortet!", ergänzte ich. „Ja, er hat es ihr ganz eindeutig erklärt. Irgendwie hat er ihr's beigebracht, dass sie's glauben musste. Ich weiß auch nicht, wie er das gemacht hat. Und dann haben sie ihn ausnahmsweise als Sannyasi laufen lassen. Und seit diesem Zeitpunkt dürfen auch junge Leute, ohne zu heiraten, Sannyas nehmen."

1964, Uma war gerade siebenundzwanzig Jahre alt, starb Swami Shivananda. Die Leitung des Ashrams übernahm nun Swami Krishnananda. Die Struktur des Ashrams veränderte sich, und Leute wie Uma sollten zum Putzen oder als billige Arbeitskräfte eingesetzt werden. Wer nicht arbeitete, werde rausgeworfen und wie das kaputte Teil einer Maschine ersetzt, verkündigte Swami Chidananda, der später einmal Nachfolger Shivanandas werden sollte. Ihr Studium wurde vollkommen eingestellt und man machte ihr das Leben schwerer als zuvor.

„Das war die Hölle!", erinnerte sich Uma. „Aber dafür bin ich nicht nach Indien gekommen. Wenn ich Arbeit gewollt hätte, hätte ich nach Deutschland zurückkehren können. Dort hätte ich wenigstens etwas verdient." Mit Shivananda hatte sie eine im Ashram hoch respektierte Autorität verloren, die ihr wohlwollend gegenüberstand. Von nun an sei sie als Frau im Ashram nicht mehr erwünscht gewesen.

„Da gab es eine Zeit, in der ich mein Visum nur noch schlecht bekommen habe. Ich war deshalb beim *Lalbabu Shastri*, der war damals Innenminister. Ein *Rajasthan Pandit*, ein Priester aus Rajasthan, hatte mich mit zu ihm nach Delhi genommen. Das waren alles Freunde von Mahatma Gandhi. Ich wollte ihn bitten, mir mit meinem Visum zu helfen. Der *Pandit* hat für mich gesprochen, und der Minister wies ihn an, einen Brief für mich zu schreiben, der alles regelte. Das hat der *Pandit* mir dann auch versprochen und gesagt, ich bräuchte mich nun nicht mehr zu sorgen. Wir sind wieder heim, da war die Polizei da und wartete auf mich. Swami Chidananda sagte zu mir: ‚Die Polizei ist hier, der *District Magistrat* erwartet dich oben. Geh ruhig hinauf, vielleicht hast du eine gute Nachricht, was dein Visum betrifft. Habe keine Angst, die Polizei ist mit dir!' Dann hat er sich noch vor mir verbeugt, und gesagt: ‚*Om Namah Brahmane.*'" „Was heißt das?" „‚Ich verbeuge mich zum *Brahman*.' – Und als ich dann ahnungslos oben vor dem *District Magistrat* stand, schrie er mich an, wie ich es wagen könnte, mein Visum zu verschlafen. ‚Das habe ich doch gar nicht', verteidigte ich mich. ‚Wir haben einen Brief an den Minister geschrieben, der hat gesagt, es käme alles in Ordnung. Aber er hat noch nicht geantwortet.' ‚Das könnten wir nicht mal glauben, wenn's der Nehru sagen würde', haben sie gesagt. ‚Du kommst jetzt ins Gefängnis.' Ist mir der Schreck in die Glieder gefahren! Weißt du, wenn die Polizei ein junges Mädchen in die Hand kriegt, dann ist's natürlich ganz und gar aus. ‚Gibt's denn da keinen Ausweg?', habe ich gefragt. ‚Eine Bürgschaft von zwei indischen Staatsangehörigen, jeweils neuntausend Rupies', haben sie gesagt. Aber da wäre ich nur für drei Tage auf freiem Fuß gewesen. Der Shivananda-Ashram wollte auch nichts übernehmen mit der Begründung: ‚Wir sind doch Sannyasis, wir haben doch kein Geld.' So saß ich in der Falle. Sie wollten mich in so eine winzige Zelle für Frauen stecken, aber der Gefängniswärter weigerte sich, die Verantwortung zu übernehmen. Mir könne etwas passieren, da das Schloss gebrochen sei. Dann verliere er seine Stelle und seine Kinder hätten nichts zu essen, das könne er nicht riskieren. Sie sollten mich lieber in ein Zimmer im Ashram sperren und von der Polizei bewachen lassen. Ich sei ja keine Verbrecherin und zudem eine Ausländerin."

Die Erinnerung wühlte Uma sichtlich auf. „Da haben sie dann ... – sie haben mich also mit runter ... – und ich – du, ich hatte doch nur einen lumpigen Sari am Körper und nichts dabei. So wollten die mich zurück nach Deutschland schicken! Mir war so schlecht! Sie haben mich zum Gericht nach Narendarnagar in die Berge gekarrt und wieder runter nach Rishikesh. Dort haben sie mich nicht mehr in den Ashram gelassen, also wollten sie mich doch in der Polizeistation übernachten lassen. Während die noch diskutiert haben, was sie jetzt mit mir machen, saß ich im Jeep und durfte nicht raus. Ich war ja verhaftet. Da kam der Junge, von dem ich das meiste Hindi gelernt hatte – der Jagadesh. Er sah mich und fragte: ,Was ist denn mit dir? Warum sitzt du da und kommst nicht aus dem Auto heraus?' ,Ich kann nicht raus', hab ich gesagt, ,ich bin verhaftet, ich weiß nicht, was die mit mir machen werden. Ich darf nicht mehr in den Ashram rein. Du, hol schnell meine Freundin, vielleicht kann die mir helfen.' Die Frau hieß Krishnapriyananda, eigentlich Setu Lakshmi. Sie kam aus Kerala. Der Junge ist gleich davongerannt, um sie zu suchen. Zunächst ist er hoch in den Ashram, dort war sie aber nicht. Sie saß weit draußen im Ganges auf einem Stein und meditierte. Als sie zum Jeep kam und mich sah, rief sie aus: ,Was machst du da im Auto, mach, dass du rauskommst, geh in dein Zimmer, spiel *Veena* oder studier was!'

Da hab ich angefangen zu heulen und ihr erzählt, was passiert war. ,Was?', hat sie ausgerufen und ist sofort rein in den Ashram, um herauszufinden, was da los ist. Dann ist sie wutentbrannt zum Swami Krishnananda und hat gesagt: ,Wenn du das Mädchen nicht in den Ashram reinlässt, übernachte ich mit ihr in der Polizeistation.' Das war eine reiche

Frau natürlich ... Da haben sie mich reingelassen in den Ashram.

Später hat der Chidananda sie dann zu sich gerufen und sie gefragt, wie sie es wagen könne, mich ohne seine Erlaubnis aus dem Gefängnis rauszuholen. Sie hingegen hat mir anvertraut, Swami Shivananda habe ihr auf dem Sterbebett das Versprechen abgenommen, sich um mich zu kümmern, wenn er nicht mehr da ist. Auch im Falle eines Krieges mit China sollte sie mich mit nach Südindien nehmen.

Ich war nicht die einzige, die solche Probleme mit dem Visum hatte. Die Lalitananda, eine andere Ashramitin aus dem Westen zum Beispiel, die hat der Chidananda vor dem Innenminister so schlecht gemacht oder schlecht machen lassen, dass sie kein Visum mehr bekam. Nicht einmal, als sie persönlich nach Delhi zum Ministerium fuhr. Er wollte im Ashram nur noch Männer haben. Das hat er öffentlich verkündet."
„Mit was für einer Begründung denn?" „Musst du ihn selber fragen. Jetzt hat er sich durch seine Auslandsreisen wohl geändert, aber damals war die Situation so, wie ich sie beschrieben habe."

„Gab es einen Punkt, an dem du dich entschieden hast, wirklich zu bleiben?" „Ich konnte doch gar nicht zurück. Ich hatte noch nicht erreicht, was ich erreichen wollte. Außerdem hatte ich kein Geld mehr. Das Rückflugticket hatte ich verkauft und das Geld dem Ashram gegeben."

Gegensätzliche Erfahrungen und Erlebnisse

Als ich später im Bett lag, erinnerte ich mich an meinen Besuch in der *Jhillmill Gufa*, bei dem mir Yamuna erzählt hatte, wie sie nach Indien gekommen war. Ihre Erfahrungen und Erlebnisse – so auch, was die Akzeptanz durch andere Sadhus und Sannyasis betraf – waren ziemlich gegensätzlich zu denen Umas. Dies mochte daran liegen, dass sie Angehörige einer *Akhara*, eines Ordens, war, der ansonsten kaum Leute aus dem Westen zu seinen Mitgliedern zählte. Im Shivananda-Ashram hingegen gab es eigens ein Programm für Ausländer. „Ich glaube, dass die Uma deshalb solche Probleme dort hatte, weil sie eben einen ganz anderen Anspruch hatte – eben mehr wollte als diese Mickey-Mouse-Westler mit ihrem Mickey-Mouse-Yoga-Kurs", hatte die Sadhvi gemutmaßt. Was sie selber beträfe, gäbe es nur einen einzigen Sadhu, mit dem sie ernsthafte Probleme hatte. Ansonsten werde sie von ihren Brüdern vollkommen respektiert und auch unterstützt. Respektiert bedeute, dass die Sadhus ihren Lebenswandel gutheißen, mit der Akzeptanz, das sei noch einmal eine andere Sache. Eine westliche Frau in dieser Position anzuerkennen – damit hätten noch ungefähr fünfzig Prozent ein persönliches Problem. Es fiele ihnen unheimlich schwer, da über ihren eigenen Schatten zu springen und anzuerkennen, dass auch in ihr „nur eine Seele steckte, die weder männlich noch weiblich, schwarz oder weiß" sei. Die Unterstützung ihres Gurus in Haridwar schütze sie zusätzlich vor übler Nachrede. So sei es ja auch bei Uma gewesen: Zur Hölle wurde ihr Leben im Ashram erst, als ihr Guruji verstarb.

Die Höhle Yamunas lag ungefähr drei Kilometer entfernt von Neelkanth, einem kleinem Dorf in der Nähe von Rishikesh, das für seinen Shivatempel – den *Neelkanth Mahadev Mandir* – berühmt war. Nach ungefähr einer Stunde Fußmarsch erreichte ich eine Hüttenansammlung, dahinter lag der weite Eingang zu einer riesigen Grotte. Beim Näherkommen erkannte ich, dass es sich um *Chaishops* handelte, die auch Opferschalen, mit bunten Blumen und Puffreis gefüllt, verkauften.

Eine Treppe führte hoch zu einem Tor, geschmückt mit einem Ganesh, dem Elefantengott – Beseitiger aller Hindernisse –, wachend über der Grotte. Zahlreiche Babas gingen ihren Tätigkeiten nach. Als mein Blick dann durch jenes Grottentor fiel, verschlug es mir die Sprache. Wenn ich alles erwartet hätte – das nicht: Die Höhle war atemberaubend schön. Sie schlang sich circa zwanzig Meter in den Berg hinein. Einige Treppenstufen führten aufwärts, endeten vor einem Altar aus Stein, blumengeschmückt. Das Unglaubliche war jedoch das Sonnenlicht, das durch ein ungefähr ein Meter breites Loch von oben in die Höhle fiel. Im Kegel der Strahlen tanzte der Rauch, der von einer Feuerstelle weiter unten emporzog. Ich fühlte mich wie in einer Kathedrale, tief berührt von der Atmosphäre, die in der Höhle herrschte. Nun merkte ich, dass ich einfach an einem alten Sadhu vorbeigerannt war, der dort unten an der Feuerstelle saß. Ich grüßte ihn, und er erwiderte meinen Gruß freundlich lächelnd. Mit einer Handbewegung lud er mich ein, ebenfalls auf das kleine, quadratisch ummauerte Podest zu treten, in dessen Mitte ein letzter Ast in einem Meer aus weißer Asche vor sich hinglimmte, umgrenzt von einem irdenen Wall, geschmückt mit orangenen und gelben Blüten. In der Mitte steckte ein riesiger, schwarzer *Trishul*, auf die Zacken ebenfalls Blüten gespießt. Goldflitter hing bis fast hinunter zur Erde. Der *Trishul*, Shivas Dreizack, symbolisierte auch das Göttertrio Brahma-Vishnu-Shiva. Manche Hindus glauben, dass alle drei als Schöpfer, Erhalter und Zerstörer Gestalten des einen Urwesens seien und dieses in seiner dreifaltigen Tätigkeit repräsentieren.

Der Boden war mit Decken gepolstert, die die Kühle des Gesteins einigermaßen abfingen. Ich setzte mich. Ein anderer Baba brachte uns Wasser und *Chai*. Das heiße Getränk wärmte wohltuend, hier in der Grotte war es kühl, fast zu kühl. Anscheinend befand ich mich in einer alten Tropfsteinhöhle. Früher musste die Decke vollends geglitzert haben, nun waren die Gesteinswände jedoch von einer dicken Rußschicht überzogen.

Der Baba wollte wissen, woher ich Yamuna kenne. Ich erklärte, eigentlich sei ich auf dem Weg zu einer anderen deutschen Eremitin, sei nun aber auf Yamuna gestoßen. Er stellte mir eine Frage auf Hindi, aus der ich das Wort Uma Shankar heraushörte. „Sie kennen Uma Shankar?", fragte ich überrascht. Er nickte lächelnd. Viele Jahre kenne er sie. Er habe auch einige Zeit in der *Ganesh Gufa* gelebt. „Und Yamuna? Wie lange kennen Sie Yamuna?" „Seit elf Jahren."

Noch immer starrte ich in die Grotte hinein, dem Sonnenlicht entgegen. „Sehen Sie ruhig!", ermutigte mich der Baba. „Sehen Sie ruhig!" Ich stand auf, verließ die rechteckige Feuerstelle und stieg langsam die Treppe hinauf. Vor dem Altar blieb ich stehen. Dumpf hörte ich unten die Stimmen, ansonsten war alles still. Eine rote, dreieckige Fahne streckte sich dem Licht entgegen, bewegte sich leicht in der Zugluft hin und her. Wo war ich hier bloß? Was machte ich hier? Und was taten diese Leute? Auf der einen Seite kam mir alles so normal, so selbstverständlich vor, auf der anderen Seite hatte ich ein Gefühl von Absurdität. Ich stieg wieder hinab zur Feuerstelle. Ein Baba mit dem Aussehen eines jamaikanischen Rastafaris lehnte an der Mauer zur Feuerstelle, blickte mir prüfend entgegen, musterte mich gelassen. Ich erwiderte seinen Blick, grüßte ihn. Das sei Yamunas Guru, erklärte man mir. Yamunas Guru? Ich dachte, er lebt in Haridwar!? – Ja, wo war eigentlich Yamuna?, fragte ich mich. „Gehen Sie den Weg entlang und sehen Sie", ermunterte mich der Baba. „Sie hat eine halbe Stunde meditiert, könnte jetzt aber fertig sein." Ich folgte dem angegebenen Weg, trat rechts aus dem riesigen Höhleneingang, stieg eine Treppe empor, blickte mich um. „Ahhh!", tönte es da hinter mir. Auf dem an die Treppe angrenzenden Dach stand Yamuna, lächelte mich an. „Ich habe Schritte gehört ..." Wir begrüßten uns und kehrten dann zusammen zurück zu den anderen. Nun saß dort auch ein Junge, kaum älter als fünfzehn. Um den Kopf hatte er ein orangefarbenes Tuch gewunden, was darauf hindeutete, dass es sich auch um einen Baba handelte. Ich übergab den Männern, was ich mitgebracht hatte, einen Beutel Früchte – nicht gerade viel, aber ich hatte erwartet, Yamuna alleine vorzufinden.

„Wie lange wohnen denn in dieser Höhle schon Sadhus?", fragte ich Yamuna. „Och, seit Jahrtausenden", antwortete sie. „Schläfst du hier in dieser Höhle?" „Im Moment ja. In meiner Höhle ist es einfach noch zu feucht." „Du hast noch eine eigene Höhle?" „Ja, hier ist alles voll von Höhlen. Wir leben nicht alle in dieser großen Höhle. In der Regenzeit wird auch diese feucht. Es tropft von den Wänden, nur das Quadrat um die Feuerstelle bleibt trocken.

Ich sprach Yamuna auf die drei auffälligsten Babas an: „Wer ist dieser Junge? Ist er auch ein Baba?" Yamuna bejahte meine Frage. „Weißt du, warum er Baba geworden ist? War er wirklich auf der Suche, oder hat er es eher aus Gründen der Verzweiflung getan?" „Eher letzteres. Er erzählt auch nichts aus seiner Vergangenheit. Ich weiß nur, dass er aus Kashmir aus ziemlich schwierigen Verhältnissen kommt. Er hat in seiner kurzen Laufbahn als Sadhu schon dreimal den Orden gewechselt. Das spricht auch sehr für sich. Seit einigen Monaten ist er jetzt hier. Ich versuche, eine Art Mutter für ihn zu sein, ganz viel Liebe zu geben. Er lässt sich mittlerweile darauf ein, wird ganz weich. Aber er testet aus, bis zu welchem Punkt er gehen kann. Wenn ich ihm dann mal den Marsch blase, wird er ganz trotzig. Das zeugt auch von seiner Vergangenheit. Er ist immer auf Verteidigung. Du brauchst nur etwas Kleines sagen und kannst dich nur wundern, was du da zurückgeschmettert bekommst."

„Was ist mit diesem Baba?" Ich zeigte auf den immer noch strahlenden Mann mit dem weißen Bart, der mich gleich zu Anfang begrüßt hatte. „Das ist Prem Giri. Zu ihm habe ich neben Babaji das beste Verhältnis. Er hat erst auf der letzten *Kumbha Mela* Sannyas genommen", erzählte Yamuna. „Er war sein Leben lang ein erfolgreicher Makler, hat fünf Konten angelegt – eins für seine Frau, drei für seine Kinder, eins für sich – und hat seiner Familie ein Haus in Haridwar gekauft. Dann erst ist er Sadhu geworden." Er war damit einer der Wenigen, die der Tradition folgten und erst im letzten Lebensstadium eine echte Sadhuexistenz aufnahmen. Ich erfuhr, dass er jetzt keinen Kontakt mehr zu seiner Familie hatte.

„Wirst du von den Sadhus hier akzeptiert?", fragte ich. „Absolut", erwiderte Yamuna. „Bis auf einen. Seit sich mein

Guruji aufmachte, um eine Zeit lang alleine in einer Höhle zu leben, ließ er hier den Boss raushängen, begann mich zu schikanieren. Er kommt einfach nicht damit klar, dass ich eine Frau bin. Ich glaube, er hat Angst vor mir, deshalb seine Aggression." „Dein Guruji?", wunderte ich mich. „Ich denke, der lebt in Haridwar!" „Ja, aber es heißt, man hat fünf Gurus." „Fünf?" Sie nickte und erklärte: „Wenn du initiiert wirst, machen das fünf Gurus. Sie sind bei der Zeremonie quasi dabei, um zu sehen, ob alles seinen richtigen Gang geht, sie sind so etwas wie Paten. Einer gibt dir das *Rudraksh*, einen Baumsamen an einer Schnur, der die Tränen Shivas beziehungsweise die Hindu Dreieinigkeit – Entstehung, Sein und Zerstörung – symbolisiert, einer den Lendenschurz, einer das Sannyasgewand, und Babaji" – sie zeigte auf den Mann mit dem Aussehen eines Rastafaris – „hat mir *Vabuti*, Asche, gegeben. Der Guruji gibt einem das Mantra. Die vier anderen Männer werden auch Guru genannt, sie sind bei der Initiation aber eher Zeugen."

Immer wieder schaute ich zum Licht hoch. „Gottes Segen", bemerkte der alte Sadhu und lächelte mich an. Yamuna lächelte ebenfalls. „Ja, wie sagt man doch? Gott ist Licht, und Licht ist Liebe." Langsam wanderte der Lichtkegel im Halbkreis. In einigen Wochen stände er direkt auf der Feuerstelle, erklärte sie. Das geschehe zweimal im Jahr. Auch das Mondlicht habe seine Bahn.

„Hast du jenes Erlebnis gehabt, das man als Erleuchtung bezeichnet?", fragte ich zögerlich, weil ich wusste, dass dies eine Frage war, die man einem Sadhu lieber nicht stellte. Yamuna schien jedoch kein Problem damit zu haben. Sie lächelte wieder und nickte dann. „Ja, sonst könnte ich wohl kaum so reden, wie ich es tue." „Wie hast du dieses Erlebnis wahrgenommen?" „Von ‚Erleben' kann gar keine Rede sein. Denn Wahrnehmung erfordert ein wahrnehmendes Subjekt. Wenn ‚ES' dann aber einmal geschieht, dann schmeißt du alles Bisherige aus dem Fenster und dich selbst und das Fenster noch dazu und die Mauer hinterher! In meinem Fall war

da nur noch Licht, und zwar ein Licht, das heller ist als die Sonne, und eine so starke Liebe, die alles überstieg, was ich bisher erfahren habe – obwohl kein ‚ich' mehr vorhanden war, das noch etwas hätte erfahren können. Dann ist irgendwann die Wahrnehmung von Raum und Zeit wiedergekommen, man kann das Licht der Liebe in ALLEM wahrnehmen und sogar sehen. Man bekommt eine andere Perspektive, lernt, mit den durchschaubaren ‚Ich-und-die-anderen-Bewusstseinszuständen' der meisten Menschen umzugehen. Übrigens heißt es gar nichts, wenn jemand ein derartiges Erlebnis gehabt hat, wenn es nur vorübergehend war und nicht praktisch im Leben umgesetzt wird. Manche nutzen ihre daraus entstehenden Fähigkeiten auch für Machtspielchen, und das Ego bläht sich noch mehr auf als zuvor. Das ist dann ganz gefährlich. Darauf muss man auch immer wieder im Verhältnis des Gurus zu seinen Schülern achten. Es kann leicht passieren, dass da Machtmissbrauch betrieben wird."
„Hältst du dieses Erlebnis denn für wichtig?" „Na, es muss doch erst einmal mit Altem aufgeräumt werden, wo Neues entstehen soll!" „Ist es nicht gefährlich, sich auf derartige Erlebnisse einzulassen, ohne jemanden zu haben, der einen dabei begleitet?" „Ja, es ist schon sehr wichtig, dass man eine gute Führung hat. Jemanden, der weiß, was zu tun ist, wenn man nicht mehr aus dem Jenseits zurückkommen will."

Plötzlich überkam mich ein Gefühl der Melancholie. „Weißt du, oft habe ich das Gefühl, vor einer Schwelle zu stehen, die zu übertreten ich mich nicht getraue." „Du selber musst da gar nichts machen", sagte Yamuna. „Es wird schon passieren, wenn es passieren soll. Und wenn es bei Gottes Gnaden geschieht, dann kannst du dich freuen." Zunächst war ich betroffen. Es fiel mir wie Schuppen von den Augen: Ich hatte mich vollkommen blockiert, da ich glaubte, sogar im spirituellen Bereich meines Lebens alles selber in die Hand nehmen zu müssen, anstatt mich einer höheren Macht anzuvertrauen. Und die Fähigkeit, durch die dies geschehen konnte, war die Demut, die völlige Hingabe, die Selbstaufgabe – das Erkennen, dass das Selbst eigentlich gar nicht oder zumindest nur bedingt existierte. Ich fühlte eine unsägliche Last von mir abfallen. Und in diesem Moment meiner größten Verletzlichkeit war es plötzlich, als lade sich mein Körper von Sekunde zu Sekunde mit einer großen Energie auf. Mein Atem ging völlig ruhig, und ich hatte das Gefühl, hochzuschweben wie ein Ballon. „Danke!", sagte ich nur.

Lange Zeit saßen wir einfach nur so da, und ich genoss es, in genau diesem Moment an genau diesem Ort mit diesen Menschen zu sein. Dann begann es in meinem Kopf zu arbeiten. „Glaubst du, dass es Menschen gibt, die dieses Erlebnis auf Dauer festhalten und umsetzen können?", fragte ich die Sadhvi. „Solange man auf dieser Erde und in diesem Körper lebt, hat man dieses ‚Ich'", antwortete sie. „Und das ist auch gut so, denn wir sind nicht umsonst in diesem Körper auf dieser Erde. Jeder hat hier seine Aufgabe."

Sie schwieg eine Weile und fügte dann hinzu: „Und jeder hat auch eine andere Perspektive auf die Welt. Diese Perspektiven auf einen Nenner zu bringen, ist dann die große Kunst. Und es *ist* nicht nur eine Kunst, sondern es kann auch durch die Kunst *geschehen*. Denn wir gehen zwar unterschiedliche Wege, sie führen aber alle in *eine* Richtung. – Dorthin!" Sie kramte ein von sich gemaltes Bild hervor, auf dem das Innere einer Kirche zu sehen war. Anstelle eines Altares und eines Kreuzes war jedoch eine weite Öffnung in der Hinterwand zu sehen, durch die hell erstrahlendes Sonnenlicht fiel.

„Weißt du", fuhr sie lächelnd fort, „vor einer Innsbrucker Kirche habe ich einmal ein Plakat mit folgender Aufschrift gesehen: *Wenn wir auf jemand anderen treffen oder eine andere Kultur oder eine andere Religion, dann ist es unsere erste Pflicht, uns die Schuhe auszuziehen. Denn sonst könnte es geschehen, dass wir die Träume von Menschen mit Füßen treten oder, noch schlimmer, wir könnten vergessen, dass*

Gott schon anwesend war, bevor wir kamen. – ‚Danke, lieber Gott!', hab' ich gedacht und mich gefreut!"

Ein Baba kam aus dem links an die Höhle angrenzenden Raum und wollte wissen, ob wir hungrig seien. Ich nickte, bat Yamuna aber, vor dem Essen noch ihre Höhle betrachten zu dürfen. „Bitte", sagte sie und wies auf eine Stelle rechts vom Eingang der großen Höhle. Weit angelegte Treppenstufen führten zu einem schmalen Eingang, kaum breiter als dreißig Zentimeter. Mit ihren welligen, geschwungenen Wänden erinnerte mich diese Grotte an das Innere einer Muschel, klein, aber irgendwie auch heimelig. Im Eingang ließen Aschereste auf eine Feuerstelle schließen. Tatsächlich war es im Inneren sehr feucht.

Zurück an der großen Feuerstelle übergab mir Yamunas Guru ein kleines gelbes Buch. Überrascht blickte ich auf den Einband: ein Reclam-Heft! – Johann Wolfgang Goethe, *Fünfzig Gedichte*. Ich musste lachen: Goethe hier, in dieser Höhle? „Ja", sagte Yamuna ungerührt, „ich habe hier auch Gedichte von Schiller. Der gute alte Goethe ist schon auf dem richtigen Weg gewesen, ist aber nicht ganz angekommen, Schiller hingegen, glaube ich, war der Erleuchtung sehr nahe. In der Schule habe ich den nur so halbherzig durchgeblättert, aber jetzt, was für eine Entdeckung! Er trifft die Nägel derartig auf den Kopf – einfach wunderbar! *Freude schöner Götterfunken* ist zum Beispiel ein unglaubliches Gedicht – oder das hier! Das muss ich dir unbedingt vorlesen:

Die Worte des Wahns

Drei Worte hört man bedeutungsschwer
Im Munde der Guten und Besten.
Sie schallen vergeblich, ihr Klang ist leer,
Sie können nicht helfen und trösten.
Verscherzt ist dem Menschen des Lebens Frucht,
Solang er die Schatten zu haschen sucht.

Solang er glaubt an die goldene Zeit,
Wo das Rechte, das Gute wird siegen, –
Das Rechte, das Gute führt ewig Streit,
Nie wird der Feind ihm erliegen,
Und erstickst du ihn nicht in den Lüften frei,
Stets wächst ihm die Kraft auf der Erde neu.

Solang er glaubt, dass das buhlende Glück
Sich dem Edeln vereinigen werde.
Dem Schlechten folgt es mit Liebesblick
Nicht dem Guten gehöret die Erde.
Er ist ein Fremdling, er wandert aus,
Und suchet ein unvergänglich Haus.

Solang er glaubt, dass dem ird'schen Verstand
Die Wahrheit je wird erscheinen,
Ihren Schleier hebt keine sterbliche Hand,
Wir können nur raten und meinen.
Du kerkerst den Geist in ein tönend Wort,
Doch der freie wandelt im Sturme fort.

Drum, edle Seele, entreiß dich dem Wahn
Und den himmlischen Glauben bewahre!
Was kein Ohr vernahm, was die Augen nicht sahn,
Es ist dennoch das Schöne, das Wahre!
Es ist nicht draußen, da sucht es der Tor,
Es ist *in* dir, du bringst es ewig hervor!"

Ich war überrascht: Das stand der Hindu-Philosophie tatsächlich sehr nahe. Yamuna las mir ein paar weitere Gedichte vor – *"Der Tanz"*, *"An die Freunde"*, *"Am Antritt des neuen Jahrhunderts"*, *"Die Ideale"* und *"Poesie des Lebens"* zum Beispiel. „Ach", sagte sie plötzlich, „da wünschte ich mir doch manchmal, mein Vater wär' jetzt dabei. Dem würd das hier jetzt auch große Freude machen."

„Sag mal, könntest du mir nicht noch ein bisschen aus

deinem Leben erzählen?", bat ich sie. "Wie du aufgewachsen bist, zum Beispiel, und wie es dazu kam, dass du gegangen bist." "Warum nicht?", erwiderte sie und begann: "Aufgewachsen bin ich in Steinstücken, das war neben Eiskeller und Wüstemark eines von drei Dörfern, die auf DDR-Gebiet lagen, aber zu Westberlin gehörten. Es gab damals einen Streit um diese Dörfer. 1972 haben Ost und West ein Stück Land getauscht, dieses Dorf für ein Weststück. Nur ein schmaler Korridor verband das Dorf mit dem Westen. Das war eine lange Straße, mit einer Mauer an beiden Seiten, dahinter war die Zone, wo scharf geschossen wurde. Noch heute höre ich das Klirren der Ketten, wenn die Bluthunde an der Mauer entlanghetzten, gerade so lang, dass sie sich um einen Zentimeter an den Schnauzen berühren konnten. Um das Dorf herum war Stacheldrahtzaun. Auf der anderen Seite konntest du die Häuser von Babelsberg sehen. Wollte man raus, musste man durch strenge Kontrollen, innen Amis, außen russische Soldaten. Es kamen keine Fremden, nur Verwandte. Jeder kannte jeden, deshalb haben die Leute auch ihre Türen offengelassen. Sowohl Russen als auch Amis haben versucht, die Sympathie der Kinder zu kaufen. Die Amis haben aus Hubschraubern Schokolade abgeworfen und zu Thanksgiving haben sie uns mit Armeewagen in die Kaserne gekarrt. Dort gab es Truthahn, aber ich war doch damals schon Vegetarierin!

Wir Kinder haben damals im Niemandsland Verstecken gespielt. Manchmal haben wir dort in Hängematten übernachtet, die wir draußen aufhängten. Unseren Eltern haben wir gesagt, wir übernachten bei Freunden." "Es hört sich an, als hättest du schon als Kind nach Nahtoderlebnissen gesucht", scherzte ich. Eine Zeit lang schwieg Yamuna. Dann sagte sie: "Ich bin schon sehr früh mit dem Tod in Berührung gekommen. Als Säugling wäre ich fast gestorben, weil ich nichts bei mir behalten konnte. Ich lag die ersten Monate meines Lebens im Krankenhaus, war völlig abgemagert. Die Ärzte wussten nicht, was sie mit mir tun sollten. Eines Tages passierte etwas Komisches: Eine Krankenschwester ließ mich fallen und fing mich gerade noch so an den Füßen auf. Ich hatte eine Nuckelflasche im Mund und begann wie irre zu saugen. Die arme Schwester war so geschockt, dass sie nur dastand und mich an den Füßen hielt. Das war mein Glück, denn ich trank die ganze Flasche leer. Von da an fütterte man mich eine Zeit lang auf dem Kopf.

Schon als Kind wollte ich eigentlich nur weg. Ich habe mich schon ganz früh für andere Kulturen und für Religion interessiert, habe meiner Mutter den Bauch mit Fragen gelöchert. Meine Eltern haben mich dann aber aus dem Religionsunterricht rausgenommen. Das war in der ersten Klasse. Ich hatte so eine unmögliche Lehrerin. Die hat bei meiner Mutter angerufen und sich über mich beschwert. Ich sei ja so was von vorlaut. Meine Mutter – das fand ich ganz toll – hat dann gefragt, ob sie sich mal in den Unterricht mit hineinsetzen könne. Danach hat sie dann verstanden, warum ich immer protestiert habe. Die Lehrerin erzählte in dieser Stunde die Schöpfungsgeschichte und tat dabei so, als hätte der Herrgott jedes Blümchen einzeln aus dem Boden gezogen. In der siebten Klasse bekamen wir dann einen jungen Lehrer, der von fremden Religionen und anderen Kulturen sprach. Da war ich dann sofort wieder begeistert dabei.

Ich wollte dann auch mit der Schule aufhören, war aber noch schulpflichtig. Eines Tages, ich hatte inzwischen das 16. Lebensjahr vollendet, bin ich dann zu meiner Mutter gegangen und habe gesagt: ‚Mama, ich glaube, die Schule ist nichts mehr für mich. Ich möchte andere Dinge lernen, möchte sehen, wie andere Menschen leben. Ich kann diesen Druck nicht mehr ertragen.'" „Und hat deine Mutter das akzeptiert?" „Ja, das hat sie, wenn auch nicht gerne.

Ich wohnte schon seit einigen Monaten nicht mehr zu Hause. Ich war politisch sehr interessiert, machte mit bei Demonstrationen, war in der Anti-Atomkraft-Bewegung. Wir haben Häuser besetzt, einmal hatte ich einen ganzen Dachboden für mich alleine: Zehlendorf, Brauerei, ich glaub, die steht noch. Die Tür haste mit 'nem Kleiderbügel abschließen müssen, aber klasse – alle Jungs draußen." „Wie alt warst du damals?" – „Fünfzehn. Mit sechzehn bin ich ganz weg. Da hat meine Mutter gesagt: ‚Gut, wenn du schon weg willst, dann versprich mir wenigstens eines: Nimm zwei Dinge mit, lege sie niemals ab oder lasse sie aus den Augen.' Ich dachte mir: ‚Was kann denn das sein? Lieber erstmal fragen, was es ist.' Aber meine Mutter sagte: ‚Versprich es erst.' Gut, dachte ich, versprech' ich's eben. Da sagte meine Mutter: ‚Die eine Sache, die du mitnehmen sollst, das ist die Liebe. Die Liebe, die alles durchdringt und immer da ist. Nimm sie mit in der Tasche deines Herzens. Und die zweite: Das Vertrauen darin.' Das hat sie gesagt. Mein Vater sagte dann dazu: ‚Vertrauen, das ist ja gut. Du kannst auch jederzeit hierher zurückkommen, aber komm nicht und frage nach Geld.' ‚Danke', hab ich gesagt und mich gefreut. Meine Mutter hat mir dann trotzdem noch sechshundert Mark als Notgroschen mitgegeben.

Meine Eltern haben mir dann so ein Zertifikat bei der Polizei besorgt, dass sie ihrer Tochter erlauben, allein durch die Gegend zu ziehen, und los ging's. Ich wollte nach Frankreich, dem Atlantik Guten Tag sagen. Ich dachte mir, zur Not könnte ich ja auch auf einem Pferdegestüt arbeiten, da ich als Kind Reiten gelernt hatte. Gleich im ersten Zug bin ich eingeschlafen und habe den Ausstieg verpasst. Plötzlich waren alle Leute draußen, und der Zug ratterte weiter in die schwarze Nacht – scheinbar ewig. An der belgischen Grenze hat mich die Grenzpolizei geschnappt. Sie haben bei meinen Eltern angerufen und gesagt: ‚Wir haben hier eine Meike Blischke. Wir würden sie ja gerne rüberlassen, aber sie ist doch erst sechzehn.' Meine Eltern haben noch einmal bestätigt, dass ich alleine reisen darf, und so bin ich nach Frankreich gekommen.

Erst war ich auf einem Pferdegestüt in der Bretagne, ich habe mich aber mit dem Bauern nicht verstanden. Dann wanderte ich die ganze Atlantikküste hinunter bis fast ins Baskenland. Schlafplätze fand ich in Scheunen. Spätestens morgens um acht entdeckte mich ein Bauer. Dann gab's erstmal Frühstück: Milch, Weißbrot oder Croissants, Kaffee. So lernte ich dann auch Französisch. Das war in der Schule zum einen Ohr rein-, zum anderen wieder rausgegangen! *Boire...*" – sie deutete mit dem Finger auf den Mund – „*dormir...*" – sie deutete eine Schlafhaltung an – „*s' assoir...*" – sie wippte auf der Pritsche herum, als wolle sie deren Festigkeit testen und lachte laut auf. Auch ich musste laut lachen. „Eines Tages lief ich dann eine furchtbar eintönige Straße entlang. Acht Kilometer hinter mir das letzte Dorf, das nächste zwölf Kilometer vor mir. Rechts das Meer, links sich unendlich ausdehnende Nadelwälder. Es goss in Strömen und ich war furchtbar erschöpft, hatte keine Lust mehr weiterzulaufen. Da kam ein Student vorbeigefahren, der mich in die nächste Stadt mitnahm. Das war Pau im Baskenland, ganz in der Nähe der spanischen Grenze. In dieser Stadt wohnte ich eine ganze Zeit lang bei einer Freundin der Freundin des Studenten. Von dort aus bin ich in die Pyrenäen. Da haben mich auch meine Eltern besucht. Sie waren ganz erleichtert zu sehen, wie gut ich klarkomme. Mit den Leuten habe ich mich gut verstanden. Auf dem Markt habe ich getauscht statt gekauft: ‚Du hast da einen schönen Käse, ich habe einen schönen Apfel. Gibst du mir ein Stück von deinem Käse, geb ich dir meinen Apfel.' Das hat gut funktioniert."

„Hast du auch Beziehungen zu Männern gehabt?" „Ich hatte mit siebzehn einen Freund im Baskenland, dann einen mit zwanzig. Ich merkte aber schnell: Das ist es nicht, geh fort und mach endlich, was du sollst, nämlich Gott finden. Und tief in mir drinnen wusste ich: Das ist nicht mein Weg, nicht meine Aufgabe. Die Liebe und Vereinigung durch den Körper erfahren zu wollen und ‚im anderen' zu suchen, setzt doch voraus, dass das ‚ich' mit dem Körper identifiziert wird. Man verstrickt sich in Beziehungen. Dann kann man nicht mehr frei denken, frei handeln, frei wahrnehmen. Besonders die Rolle, die dabei von Frauen erwartet wird, ist gefährlich. Manchmal habe ich das Gefühl, einige Frauen sehen in ihrer

Unterwerfung die einzige Möglichkeit, Aufmerksamkeit zu bekommen. Ich meine, sie sind sich dessen nicht einmal bewusst. In diesem selbstgeschaffenen, imaginierten Gefängnis bleiben sie dann ein Leben lang. Da fällt mir die Geschichte von dem Kamel ein, das sein Herr eines Tages anzubinden vergisst. Als dieser die anderen Kamele am Abend losbindet und weiterzieht, bleibt das nicht angebundene Tier stehen und schreit der Herde kläglich hinterher. Der Mann begreift, geht zurück, tut, als würde er das arme Kamel losbinden – und siehe da: Es hopst den anderen munter nach. Ich habe dieses Spiel schon als Kind durchschaut, habe meine Mutter immer gebeten, all die Ringe, Armreifen und Ketten aufzuheben, die mir meine Omas und Tanten schenkten, und fragte mich: Wie kann denn das sein, dass die ihre Sklavenringe auch noch gerne tragen?"

Ich musste laut lachen. „Und wo bist du anschließend hingefahren?" „Nach Korsika. Dort lebte ich eine Zeit lang in einer Hausruine. Die Nächte habe ich Akkord gearbeitet: Orangen in Kisten verpackt. Ich wollte das mit der Arbeit auch mal so richtig ausprobieren. Meine Mutter sagte, es könne gar nicht sein, dass immer ich mit meiner Lebenseinstellung Recht habe. Außerdem hatte ich kein Geld für das Rückfahrticket. Dann hatte ich auf einmal mehr als zweitausend Französische Franken verdient. Ich fragte mich aber: ‚Was soll ich denn mit dem ganzen Geld?' Damals lebte ich kostenlos bei einer Familie, die von früh morgens bis tief in die Nacht schuftete. Der Mann war Diabetiker und brauchte Insulin, das konnten sich die Leute aber nicht leisten. Dieser Familie gab ich dann das Geld, bezahlte mit dem Restgeld ein Ticket zurück aufs Festland.

Ich wollte so weit östlich wie's geht – zu Fuß. Ich bin so lange gelaufen, bis ich nicht mehr konnte – über Frankreich nach Italien. Dabei habe ich ‚die Richtung' ein bisschen verloren. In Turin bin ich irgendwann von einem Auto mitgenommen worden. Ich wollte nur ein Stück aus der endlos scheinenden Stadt heraus. Auf der Fahrt bin ich eingeschlafen und war plötzlich in Bologna. ‚Bologna, wo ist denn das?', habe ich mich gefragt und auf der Karte nachgeschaut. ‚Oh, das ist ja viel weiter südlich, als ich dachte. Na, dann reise ich erstmal nach Süditalien.' An der Südspitze sah ich dann all die Boote liegen, und plötzlich erschlossen sich mir völlig neue Dimensionen. ‚Damit komme ich ja noch viel weiter!', dachte ich mir und fragte überall nach einem Boot, das vorhatte, nach Osten zu fahren. Es schienen jedoch alle nach Westen zu wollen. Schließlich lernte ich in Sizilien eine Gruppe von Leuten kennen, die mit dem Segelboot nach Griechenland wollten. Ich habe ihnen angeboten, ihnen beizubringen, wie man Brot backt, wenn sie mir das Segeln beibringen. So lernte ich Segeln. Die Gruppe von Engländern nahm mich dorthin mit, eine andere von Griechenland in die Türkei. Dort lernte ich wieder einen Engländer kennen, der auch nach Osten wollten – und zwar nach Indien. ‚Indien, ja warum nicht?', fragte ich mich, und los ging's.

Wir segelten in Richtung Suezkanal, dann durchs Rote Meer, den Golf von Aden, Arabisches Meer, Indischer Ozean. Unser Boot war nur zwölf Meter lang – ein Zweimaster. Weitab von der Küste Jemens erlitten wir Schiffbruch. Eines Nachts merkte ich plötzlich, dass gleich irgendetwas passieren würde. Es war furchtbar still, und es hatten sich Schäfchenwölkchen am Mondhimmel gebildet – aber keine weißen, sondern pechschwarze. Es war Monsun und wir befanden uns zusätzlich an genau jener Stelle, wo man aus dem Golf von Aden herauskommt und in den Indischen Ozean hineinsegelt. Dort kommt eine unglaubliche Strömung von der afrikanischen Ostküste hoch. Ich hole sofort alle Segel runter und war gerade beim letzten, als es einen Riesenknall gab: Das Segel bestand nur noch aus Fetzen. Al, der Kapitän, der geschlafen hatte, wachte auf und stürmte aufs Deck, um mir zu helfen. Wir banden alles fest, was festzubinden war – auch uns, um nicht weggerissen zu werden. Und schon sahen wir sie auf uns zukommen: Wellen, mehr als doppelt so hoch wie unser Mast – und der war zwölf Meter hoch. Jede siebte oder achte Welle war sogar noch höher als die übrigen. Im Nu befanden wir uns in einer Berg- und Talfahrt: Kaum waren wir oben, ging es schon wieder runter – wie im Fahrstuhl. Manchmal überschlug sich das Boot auch ein-, zweimal. Es war ein unglaubliches Erlebnis! Mit einem Mal wurde mir bewusst, wie völlig klein und unwichtig wir angesichts dieser Naturgewalt waren. – Ach, wir waren nicht einmal das Stückchen einer Nussschale! Stell dir vor, du stehst da und siehst, wie sich hinter dir eine Woge aufbaut, größer als ein Haus und tiefgrün. Noch bist du trocken, dann rollt die Woge über dich hinweg, und mit etwas Glück kannst du nach einiger Zeit wieder atmen und dich sortieren. Bis die nächste Welle kommt!

Drei Wochen trieben wir orientierungslos umher – drei Wochen weder Sonne noch Mond, noch Sterne, dafür immerfeuchte Klamotten. Alles ging kaputt, was kaputtgehen kann: Das Log, das die Meilen zählt, zerbrach, Segel und Notsegel zerfetzten, und wir hatten ein Loch im Boot. Zu guter Letzt gab auch noch die Pumpe ihren Geist auf, und wir mussten Tag und Nacht mit dem Eimer schöpfen. Mir wurde bewusst, wie blödsinnig die Redewendung ‚um sein Leben kämpfen' ist. – Schon bevor du überhaupt anfängst zu kämpfen, hast du verloren! Es liegt überhaupt gar nicht in deiner Hand, wann dieses Leben zu Ende ist bzw. ob es weitergeht! Das Einzige, was du in dieser Situation tun kannst, ist völlige Hingabe, Vertrauen. – Oh!" Sie hielt inne. „Die Farben des Ozeans! Die wechselten von graubraun nach schwarzblau, von flaschengrün nach türkisgrün, von azurblau nach lila, von jadegrün nach schwefelgelb ... – Es war unglaublich!

Eines Nachts sah ich auf einer jener siebten oder achten Welle einen Lichtpunkt inmitten des Ozeans. Land konnte dies nicht sein, dachte ich mir, und beobachtete den Punkt weiterhin, auf den wir nun zuhielten – drei Tage und Nächte lang. Er bewegte sich nach rechts, ein Schiff vermutlich. Andere Lichtpunkte gesellten sich dazu. Wir mutmaßten, dass es sich um jene Öltanker handeln mussten, die aus Richtung des Golfes kamen – und in genau jene Richtung wollten wir.

Nun hatten wir wieder Kurs! Und dann, ganz plötzlich, war das Meer vor uns wieder glatt wie ein Spiegel. Sanft rollten die Wellen auf einer weiten Fläche aus. Wir waren im Golf von Oman. Vor uns entdeckte ich einen Rochen, einen riesigen quadratischen Plattfisch mit einer Flossenspanne von jeweils zwei Metern. Er sieht aus wie eine riesige Decke oder ein fliegender Teppich, mit zwei Augen oben drauf, die uns fortwährend musterten. Dann wurden wir schneller und der Rochen auch. Er schien Angst zu haben, und man spürte förmlich, dass sich der Arme völlig verausgabte. Wir waren fast über ihm, da kriegte er den Dreh und tauchte ab. Im nächsten Augenblick waren wir von Delphinen umgeben, dann von bananenförmigen Fischerbooten. Die Fischer riefen uns etwas zu, banden unser Boot an ihren fest und zogen uns im Schlepptau in den Hafen von Sur. Alleine wären wir dort nicht hingekommen: Wir passierten eine Strömung von acht, neun Knoten!

An Land gaben uns die Fischer zu essen: Brot, Datteln, Früchte, Gemüse ... Wir hatten noch nicht fertig gegessen, als ein Boot mit Polizeileuten angefahren kam. „Ihr müsst hier sofort weg!", drängten sie uns. „Der Oman ist ein geschlossenes Land, hier darf niemand rein!" „Wir würden ja gerne", antworteten wir, „aber wir können nicht. Unser Boot ist kaputt, wir sind Schiffbrüchige." „Gut, heute könnt ihr bleiben, aber morgen müsst ihr wieder fort!", sagten sie. „Bis morgen das Boot reparieren?" Wir lachten angesichts dieser hoffnungslosen Vorstellung. Da schickten sie uns dreißig Armeeleute, die unser Boot innerhalb von drei Wochen wieder klarmachten. Zum Abschied bekamen wir einen ganzen Sack Datteln geschenkt.

Nach einigen weiteren Wochen erreichten wir Bombay. Von dort aus segelten wir die Küste hinunter nach Goa. Dort trennten sich mein Reisegefährte und ich. Zwei Jahre auf dem Boot genügten mir. Als ich an Bord gestiegen war, war ich achtzehn Jahre alt gewesen. Nun war ich zwanzig Jahre alt. Al wollte weiter nach China, ich aber lernte wieder einen

Engländer kennen, mit dem ich zwei Jahre durch das Land reiste – im Grunde schon als halbe *Sadhvi*. Heute unterrichtet dieser als Professor in Cambridge, ackert mit dem Kopf all das durch, was ich praktisch lebe: Sannyasis sind sein Spezialgebiet. Mit ihm bin ich auch durch Nepal, Tibet, China, die Philippinen gereist und schließlich in Japan gelandet."

„Warst du zwischendurch auch mal wieder in Deutschland?", fragte ich. „Ja, zweimal. Ich war mit meinem englischen Freund gerade in Orissa, Ostindien, als er die Nachricht bekam, sein Vater liege mit Krebs im Sterben. Er wollte mich unbedingt dabei haben, bis es vorbei war. Ich bin dann also mitgegangen. Danach blieb ich noch länger in Europa, reiste umher. In dieser Zeit fiel die Mauer. Zwei Monate blieb ich auch bei meinen Eltern in Berlin. Dort habe ich mir auch die Zähne machen lassen." „Wo hattest du das Geld für die Behandlung her?" „Um sozialversichert zu sein, habe ich als Putzhilfe in einem Kindergarten gearbeitet. Ich habe mir auch ernsthaft überlegt, auf eine Kunsthochschule zu gehen. Dann wurde mir aber klar: ‚Ich kann noch nicht sesshaft werden. Ich muss noch einmal nach Indien, um meinen Guru zu finden.' Ich hatte auch das Gefühl, ich würde es in Europa gar nicht mehr aushalten. Manchmal kam es mir vor, als hätte ich es dort mit lauter Halbtoten zu tun. Ich schlenderte durch die Stadt und blickte den Leuten in die Augen. Da gab es nur selten welche, die wirklich lebendig blickten."

Ich dachte mir, dass Yamuna in Deutschland – verhielt sie sich wie hier – ernsthaft aufpassen müsste, nicht in eine Psychiatrie gesperrt zu werden. Sie redete, wie ich sie in Rishikesh erlebt hatte, mit Pflanzen, Tieren, auch mit unbelebten Gegenständen und versank regelrecht dabei. Sie verbeugte sich vor Sonnenuntergängen oder anderen wunderbaren Erscheinungen – wenn ihr danach war, auch minutenlang. Es konnte auch passieren, dass sie sich zu Boden warf, wenn sie etwas mit besonders großer Ehrfurcht erfüllte. Sie strahlte fremde Menschen mit einem derart starken Lächeln an, dass sie so manch einer in ihrem Heimatland für eine Geistesgestörte halten musste. Wenn sie eine Blume pflückte, verneigte sie sich, und wenn sie an ein Gewässer kam, führte sie, Mantras sprechend, eine kleine Zeremonie durch. Kurzum, die Umgebung war für sie belebt, alles stand in engem Zusammenhang miteinander, man nahm und gab, dankte und bat – und vertraute auf die göttliche Kraft, in der man sich bewegte. Doch wer in ihrem Heimatland würde ihre Handlungen als Indiz für ein gehobenes Bewusstsein sehen?

Ich stellte sie mir vor, wie sie in ihren Sannyas-Gewändern durch Berlin wanderte, und musste lächeln. Sie erwiderte mein Lächeln und fuhr fort: „Als ich wieder in Indien ankam, nahm ich gleich den ersten Bus nach Rishikesh. Dort angekommen, setzte ich mich überglücklich an die Ganga und begann zu meditieren. Als ich wieder in die Welt der Erscheinungen zurückkehrte, saß da ein furchtbar heruntergekommener Sadhu. Er hatte zwei riesige offene Wunden, um die ein lumpiger Verband hing, eine am Kopf. Ich nickte ihm zu und meinte, ich hätte nun mehrere Stunden meditiert und es sei wohl Zeit zu gehen. Da erwiderte er, seines Wissens nach hätte ich dort drei Tage und drei Nächte gesessen. Wie betäubt zog ich von dannen – nach Neelkanth. Dort sollte es eine Höhle geben …" Sie hielt inne. „Was dann passierte, war schon verrückt. Weißt du, ich hatte als Kind sehr früh angefangen zu zeichnen – alles Mögliche, was ein Kind eben so malt. Die Bilder zeigte ich dann meiner Mutter, bis auf eine Sorte: Immer, wenn ich mir ganz sicher war, dass um Gottes Willen niemand in der Nähe war, malte ich das gleiche Bild: Eine Höhle im Wald, darin ein Feuer. Dort lebten Menschen in orangefarbenen Gewändern mit langen, verfilzten Haaren. Als ich die Bilder mit vierzehn Jahren beim Umzug meiner Eltern wiederfand, erschrak ich, rannte sofort in den Garten und tat das Einzige, was mir damals richtig erschien: Ich verbrannte sie. Niemand durfte so tief in mein Innerstes schauen. Als ich dann zwei Jahrzehnte später vor der Jhillmill Gufa stand, durchfuhr es mich wie ein Blitz: Das war exakt jenes Bild, das ich immer wieder gemalt und in meinen Träumen gesehen hatte. Babaji, der dort am Feuer saß – sie zeigte auf den Baba mit den langen Rastas – kannte ich auch bereits aus meinen Träumen. Als die Leute, mit denen ich damals zur Höhle hochgewandert war, am Abend wieder ins Dorf zurückwollten, weigerte ich mich: ‚Ich gehe hier nicht mehr weg, ich bleibe hier!' – ‚Du bleibst auf keinen Fall hier', erwiderte Babaji. ‚Hier darf niemand übernachten, und schon gar keine Frau.' Enttäuscht und traurig zog ich von dannen. Mehrere Monate lang durchwanderte ich barfuß den Himalaya, wanderte auch zur Gangaquelle, dann kehrte ich zurück zur Höhle. Nach zwei Tagen kam ich wieder, blieb zum ersten Mal über Nacht, dann irgendwann zwei Nächte, dann drei, dann eine ganze Woche und zu guter Letzt drei Wochen. Irgendwann sagte ich zu Babaji: ‚Nun ist es wohl Zeit zu gehen!?' Da antwortete er: ‚Glaubst du immer noch, dass du fortlaufen musst?' Und ich erwiderte: ‚Gut, wenn du glaubst, dass du mit einem Frauenkörper in deiner Nähe leben kannst, bleibe ich hier'. Seitdem lebe ich in der Jhillmill Gufa."

„Wie hast du dann deinen Guru gefunden?", fragte ich. „Er war ein Freund Babajis und kam ihn manchmal besuchen", antwortete Yamuna. „Zunächst wollte er keine Weißen initiieren, und schon gar keine Frau, was ihm eigentlich auch verboten war, aber er änderte seine Ansicht …"

„Kannst du dir vorstellen, irgendwann für immer nach Deutschland zurückzukehren?" „Nein … Aber vielleicht mache ich irgendwann mal eine Weltreise, mit ein paar anderen Sadhus – einmal um den Globus. Aber nur, wenn es einfach so kommt. Ich würde so etwas nie planen."

Ich war ziemlich erschlagen von dieser Geschichte. Da es zudem bald dunkel werden würde und es leichtsinnig gewesen wäre, im Dunkeln alleine über die Felder und durch den Wald zu laufen, verabschiedete ich mich. Yamuna drückte mir die beiden Reclamhefte mit Goethe- und Schillergedichten in die Hand, dazu den *Schimmelreiter* von Theodor Storm. „Du bist immer willkommen", sagte sie. „Aber vergiss bitte nicht, mir den Schiller wieder mitzubringen. Den *Schimmel-*

reiter kannst du behalten oder weiterverschenken. Den habe ich beim Abendessen in einem Haps gelesen. Habe ich sehr genossen." "Dann weiß ich ja, was ich dir nächstes Mal mitbringen kann!", lachte ich. – "Bücher." "Nein, bring' lieber Honig und Haselnüsse", antwortete sie. "Das gibt es in Indien nicht, Honig schon, aber der ist mit Zucker und Konservierungsstoffen versetzt. Du kannst auch Sachen wie *Ghee* – geklärte Butter – Obst, Gemüse oder Reis mitbringen – Räucherstäbchen sind auch immer gut."

Auf dem Heimweg dachte ich mir, dass es nur sehr wenige Menschen gibt, die es wie Uma und Yamuna wagen, ihrer inneren Bestimmung zu folgen anstatt dem, was die Gesellschaft von ihnen erwartet. Wie oft verdrängen wir unsere Träume, indem wir sie als Utopien abtun? Und wie oft kerkern wir uns in den Schutzpanzer der „Unmöglichkeit" ein? Ist es die Angst vor dem Scheitern, die uns daran hindert, wirklich den Weg zu gehen, den wir schon immer gehen wollten? Ich fragte mich, ob nicht der persönliche Lebensweg, je näher man an seinen Traum herankam, zum eigentlichen Lebensziel wurde.

Menschliche Abgründe

Als ich am anderen Morgen aufwachte, ging ich gleich hinunter zu Uma, die dabei war, ein Beet zu entkrauten. Ich kniete mich zu ihr, half ihr beim Herausreißen der Triebe und bat sie, ein wenig weiterzuerzählen. Von Tag zu Tag war ich gespannter auf den Fortgang ihrer Geschichte und konnte es kaum bis zum Abend erwarten – jener Zeit, wo sie am ehesten für kurze Zeit zur Ruhe kam, um in ihre Vergangenheit zurückzugehen. „Baldev, der Bruder Gangarams, hat mir erzählt, deine Begegnung mit Tatwala Baba habe dich auf die Idee gebracht, in eine Höhle zu ziehen", begann ich. „Gab es eine Begegnung mit ihm, an die du dich besonders erinnerst?" Uma nickte. „Eines Abends wollte ich mit dem letztem Boot über den Ganges. Ich wollte unbedingt zum Tatwala. In der Zeit lebte ich noch im Shivananda-Ashram. Ich war gerade am Ufer, da sieht mich der Fahrer des letzten Bootes und legt sofort ab." „Warum das?" „Na, ein junges Mädchen, allein um die Zeit! – Ich nehme Anlauf und springe – zwei, drei Meter – und Zack! war ich im Boot. Es war schon fast dunkel, als ich meinen Marsch den Berg empor begann. Als ich bei der Höhle ankam, sagte der Tatwala Baba, er müsse jetzt meditieren, ich solle mich ans Wasser setzen und auch meditieren. Ich ging zu dem Gebirgsbach, der an der Höhle vorbeifloss, saß dann da mit offenen Augen und meditierte. Der Mond ging auf, das Wasser, die Bäume, alles war so friedlich! Ich war ganz glücklich. Für kurze Zeit habe ich die Augen geschlossen. Als ich sie wieder aufmachte, stand der Tatwalas Baba vor mir und hinter seinem Kopf der Mond. Er hat nichts gesagt, wollte nur sehen, wo ich bin, wie es mir geht. Er stand da wie eine Statue des Gottes Shiva, die langen Chattas bis zum Boden. Der Mond schien über seinen Kopf auf mich. Ich schaute ihn an, er mich, die Augen im Mondschatten. In diesem Moment dachte ich: ‚Jetzt kann ich lernen, Gott in allem zu sehen, Gott Shiva ist wirklich in dieser Welt – und die Göttin Parvati.'" „Er muss dich wirklich sehr beeindruckt haben." „Ja, so einen Baba gibt's in ganz Indien nicht mehr." „Stimmt es, dass er gar keine Anhänger wollte und von dem ganzen Gurutum nichts hielt?" Sie nickte in Erinnerungen versunken. „Ja, ‚*no formalities, no formalities*'.

In einer *Shivaratri*-Nacht bin ich aus dem Ashram geflüchtet. Sie haben dort so laute Musik gemacht – es war kaum auszuhalten. Ich wollte über Laxman Jhoola zum Tatwala, hatte als Geschenk eine Dose Bisquits mitgenommen. Als ich oben ankam, kam er mit einem Sadhu aus der Höhle. Ich versteckte mich schnell im Gebüsch. Irgendwann bin ich aber doch rausgekommen. Er hat gesagt, ich soll wieder gehen. Wahrscheinlich, damit der Sadhu nicht denkt ... – du weißt schon! Mir schossen die Tränen in den Augen. Shivaratri war doch der Tag der offenen Tür! Ich war so wütend, so enttäuscht, dass ich jahrelang nicht mehr hingegangen bin.

Dann kam meine Tante aus Amerika. Sie kam zusammen mit einer berühmten Schweizer Fremdenführerin. Die beiden haben auch in meiner Höhle übernachtet. Meine Tante wollte dann zum Tatwala Baba, der sei doch so berühmt. Also bin ich mit ihr hingegangen. Als er mich gesehen hat, hat er ausgerufen: ‚Oh, du hast dich ja ganz verändert! Siehst ja ganz runtergekommen aus.' Mir ging es damals gesundheitlich gar nicht gut. Das war das letzte Mal, dass ich ihn gesehen habe. Bis heute werfe ich mir vor: ‚Warum warst du damals so hart, warum hast du ihm nicht verzeihen können?'"

„Er ist ermordet worden, nicht wahr?" „Ja, eine Höhle weiter oben hat ein anderer Baba gelebt, der war eifersüchtig auf den Tatwala, weil alle Leute zu ihm gegangen sind. Ich erinnere mich, dass ich einmal am Bahnhof gestanden habe, da stand ein Schüler dieses Babas vor mir und hat gesagt, sein *Guruji* habe alles in die Wege geleitet, um den Tatwala Baba umzubringen. Er habe gesagt, Tatwala Baba sei kein echter Sadhu mehr. Damit spielte er auf eine Frau an, die mit ihrem Ehemann in einer Nachbarhöhle lebte. Sie waren zu Tatwala Baba gekommen, um den Segen des Babas zu erbitten, damit die Frau endlich ein Kind bekomme – waren aber so ergriffen von dem Asketen, dass sie beschlossen, seine Schüler zu werden und sich in seiner Nähe niederzulassen. Natürlich brachte das die Gerüchteküche zum Brodeln. Ich habe geglaubt, dieser Schüler redet irgendein dummes Zeug. Dann kam der Zug aus der Gegenrichtung und der Mann sprang über die Gleise davon. Einen Monat später passierte es: Vier oder fünf Männer überfielen Tatwala Baba mit Schlagstöcken und Schusswaffen und töteten ihn. Niemand konnte das glauben." Ich war betroffen. Uma schwieg eine Weile, seufzte dann auf.

„Wie erklärst du dir denn das Böse? – dass so etwas überhaupt passieren kann?" „Also, die indische Lehre spricht von den drei Gunas – *Sattva, Rajas* und *Tamas*", antwortete Uma. „Diese drei *Gunas*, auch Eigenschaften, Qualitäten genannt, gehören zum Aufbau der Welt. Zu Beginn der Welt befinden sie sich noch in einem unentfalteten Zustand. Dann greift Brahma, der Schöpfergott, ein, und die *Gunas* beginnen sich miteinander zu vermischen. Mit ihnen arbeitet dann alles, die ganze Maschine, und die sind alle in der *Maya* inbegriffen. Die Götter gehören zum *Sattvischen*. Gutes und Schönes wie der Götterhimmel, hell und leicht, das ist *Sattva*. Dann gibt es *Rajas*, das Vorwärtsdrängende, Überwältigende – und auch ein wenig das Gewalttätige. Und zuletzt *Tamas: Tamas* ist schwer, dreckig und faul, stinkig, dunkel und böse. Man muss die Gedanken beobachten, sollte sie in der *sattvischen* Ebene halten, nicht in der von *Rajas* und *Tamas*. Im Prinzip ist das Böse lediglich eine Unterentwickeltheit des Menschen – etwas, das passiert, wenn der Mensch innerlich noch nicht ausgeklärt ist, wenn die Mental-Ebene noch nicht gereinigt ist. Also in der Natur hat Gott nichts dergleichen erschaffen. Wenn ein Vulkan ausbricht, liegt das eben daran, dass die Erde im Inneren noch nicht erloschen ist. Letztendlich hat nur der Mensch das Potential zum Bösen."

Ich erinnerte mich an einen alten Brahmanen, mit dem ich mich auf einer Busfahrt unterhalten hatte. Er hatte gesagt: „In jeder Kultur werden andere Dinge als gut oder böse empfunden. Ein Selbstmordattentäter beispielsweise mag es sogar als großes Heil empfinden, andere Menschen umzubringen, Ihnen hingegen würde seine Handlungsweise schlecht erscheinen. Gut und Böse sind im Grunde einzig und allein Kategorien, die in den Köpfen der Menschen erschaffen werden. Es gibt nur eine Sache, die man als böse oder schlecht bezeichnen kann: Es ist das, was sich Gott, das heißt der Achtung gegenüber seiner Schöpfung, entgegenstellt: Schlecht ist das, was die Schöpfung missachtet, das heißt, was sie zu zerstören sucht." Er hatte mich angeschaut. „Sie sind hier, ich bin hier. Und zwar nur deshalb, weil Gott uns geschaffen hat. Wir sind ein Teil Seiner Schöpfung, Seiner Energie. Sie sitzen dort vor mir und ich weiß, Gott ist in Ihnen. Ich sitze hier und Sie wissen, Gott ist in mir. Dafür achten wir einander.

Dafür sollten alle Menschen einander achten. Man muss Gott – und damit sich selbst – in anderen sehen und umgekehrt." Die Aussage des alten Mannes hatte mich sehr berührt.

Ich wendete mich wieder Uma zu: „Du hast eben von *Shivaratri* gesprochen. Kannst du sagen, was das ist?" „,*Ratri*' bedeutet Nacht. Shivaratri ist der dreizehnte Tag und die dreizehnte Nacht des abnehmenden Mondes, also ein bis zwei Nächte vor Neumond. Neben den kleinen Shivaratris wird auch jedes Jahr ein großes Shivaratri gefeiert – ein mehrtägiges Fest zu Ehren des Gottes Shiva. Man sagt, Gott Shiva gehe in diesen Tagen herum und schaue, was die Menschen so machen, besonders in den Tempeln. Als ich in dieser Nacht zurück zum Shivananda-Ashram gelaufen bin, ist noch etwas Komisches passiert. Gegen zwölf oder eins habe ich mich wieder auf den Weg gemacht. Auf dem Weg kam ich an einem kleinen Tempel vorbei. Da hörte ich, wie zwei *Pandits* die Veden rezitierten – ein ganz besonderes Stück, das nur an diesem Tag rezitiert wird. Ich konnte es selber auswendig. Ich blieb stehen und hörte den beiden zu. Auf einmal blieben sie mitten in der Rezitation stehen und es ging nicht mehr weiter. Es war so still, dass man nur das Tropfen auf den *Shivalingam* hörte. Die Räucherstäbchenwölkchen bewegten sich im Licht der Öllampen. Ich hab gedacht, die beiden sind eingeschlafen! Da hab ich von draußen einfach weiterrezitiert. Vor Schreck sind sie zusammengefahren, haben angefangen zu zittern." Sie kicherte bei dieser Erinnerung. „Ich habe dann nach einiger Zeit gefragt: ‚Was ist denn mit euch los, warum sprecht ihr nicht weiter, habt ihr alles vergessen?' Da fielen sie zurück, erleichtert. Sie fragten mich: ‚Wer bist du?' ‚Ich bin vom Shivananda-Ashram', habe ich gesagt, ‚dort gehe ich jetzt auch hin.' Dann haben sie noch ein bisschen weiterrezitiert, und ich bin gegangen. Später habe ich bei einem der beiden *Sanskrit* studiert, er hat mir erzählt, dass sie mich für den Gott Shiva oder irgendeinen Geist gehalten haben. Ich hatte weiße Haut und halt das Gesicht vom Shiva, trug *Chattas* und dazu noch zu-

145

fällig einen *Trishul* bei mir. Das Schlimme war, dass ich auch noch weiterrezitiert hab. Sie seien so erleichtert gewesen, als ich dann anfing zu reden. So ein Mädchen, das nachts an Shivaratri alleine unterwegs ist, noch dazu eine, die die vedischen Sprüche rezitiert hat: So was gibt's für die einfach nicht."

Auf der Suche

„Und dann hast du angefangen, eine Höhle zu suchen?", fragte ich. „Ja, ich hab mir gedacht: ‚Dort kannst du wenigstens meditieren.' Den Ganesh hab ich angefleht, dass ich eine schöne finde." „Aber wie hast du sie dann gefunden?" „Jeden Montag hab ich gefastet und bin durch die Wälder gerannt auf der Suche. Dann hab ich gehört, dass es da eine Höhle gibt, die *Ganesh Gufa* heißt. Schon in grauer Vorzeit sollten da die *Rishis* gewohnt haben. Gleich am nächsten Montag bin ich hochgeklettert. Die Höhle war schon schön, aber etwas hat gefehlt. Als ich in der Woche drauf wieder hoch bin, hab ich plötzlich eine Quelle entdeckt – und habe mich riesig gefreut! Das war es, was gefehlt hat! Ich bin hineingekrochen in die Höhle – sie war damals noch so klein, dass man gerade sitzen konnte – und habe ein orangefarbenes Tuch vor den Eingang gehängt. So stach die Sonne nicht mehr ganz so sehr. Im warmen Dämmerlicht fühlte ich mich geborgen. Ich hatte Kochutensilien – Reis, Linsen, Butterschmalz, Salz und Gewürze – mitgebracht. Plötzlich habe ich etwas Merkwürdiges gerochen. Da war ein Spalt an der Innenseite der Höhle, da kam der Geruch her. Auf der anderen Seite leuchtete mir das Blau des Himmels entgegen – die Höhle hatte also zwei Eingänge. Wie eine Schlange robbte ich in den Schacht vor, auf der anderen Seite wieder hinaus. Ich blickte zurück und sah die Kochutensilien auf dem Höhlenboden stehen. Aber noch etwas anderes. Da lagen Knochen am Rande des Ganges. Da wusste ich, dass bisher der Leopard hier gewohnt hatte.

Als ich am nächsten Montag wieder zur Höhle hochkam, saßen da zwei Jungen. ‚Haut ab, ich will alleine sein', versuchte ich sie zu verscheuchen. Sie blieben aber sitzen und kicherten. Es stellte sich heraus, dass sie von Mauni Baba, einem Schweigebaba, der einmal in dieser Höhle gelebt hatte, nun aber weiter hinunter an den Ganges gezogen war, geschickt worden waren. Er hatte mich jeden Montag hier hochziehen sehen und sich gedacht, ich könne vielleicht ein wenig Hilfe gebrauchen. Die Jungen richteten mir aus, er habe nichts dagegen, dass ich hier wohne. Und ob es etwas zu tun gäbe? ‚Ja, einen ganzen Haufen Arbeit gibt's!', habe ich geantwortet. Wann es losgehen soll, wollten die beiden wissen. ‚Morgen!', habe ich gesagt."

Am nächsten Tag begannen sie zusammen, alles Geröll aus der Höhle zu schaufeln. Uma stellte einen Tagelöhner ein, der die Höhle vergrößerte. Der Boden wurde zementiert und eine Gittertür eingebaut. Jene Öffnung, über die sie das erste Mal hineingekommen war, wurde zugemauert, der schmale Spalt hingegen zu dem bis heute bestehenden Eingang vergrößert. Im Herbst war es dann soweit: Die Höhle war fertig für den Einzug. Uma erzählte: „Der Chidananda hat dann auch davon erfahren und ein Riesentheater gemacht. Hat mich zu sich bestellt und gesagt: ‚Wenn du versuchen solltest, den Shivananda-Ashram zu verlassen, werde ich dafür sorgen, dass du ganz aus Indien rausfliegst.' Da dacht' ich mir: ‚So, das reicht jetzt, ihr sollt mich niemals mehr wiedersehen.' Der Mauni Baba und die Tagelöhner haben mir dann ein Zimmer hinter der Hanumanstatue am Durgatempel besorgt, dort, wo die Treppen hoch zur *Neelkanth Road* führen – das gibt's heute noch. Miete brauchte ich nicht zu bezahlen, nur Strom." „Wie hast du denn all deine Sachen unbemerkt nach Laxman Jhoola gebracht?" „Wir haben einen Lastwagen beobachtet, der morgens immer mit Steinen von Laxman Jhoola in Richtung Rishikesh Market fuhr. Wir sagten den Lastwagenfahrern, sie sollten gegen Bezahlung morgens früh am Ashram sein. Am nächsten Morgen klopften sie an meine Tür. Ich hatte schon alles gepackt – Schlafbrett, Kiste mit Klamotten, *Veena*, ein wenig Kochgeschirr. ‚Was sollen wir mitnehmen?', fragten die Männer ‚Das alles!', habe ich gesagt. Und dann ging's ab! Wir haben die Sachen in mein neues Zimmer geschafft. Von da an bin ich jeden Tag hoch zur Höhle. Es hat noch zwei Monate gedauert, bis sie fertig war. Zu einem gutem Zeitpunkt bin ich eingezogen." „Lebt der Mauni Baba noch?", fragte ich. „Der hat sich irgendwann ohne Decke und richtige Kleidung in die Berge, in Eis und Schnee gewagt. Er ist nie wieder zurückgekommen."

„Nachts fangen die Steine zu leben an"

„Warst du glücklich in der Höhle?", fragte ich. „Ja, sehr", antwortete Uma lächelnd in sich versunken. „Es war wundervoll. Nachts, da fangen die Steine zu leben an! Das ewige Licht! Die Götterfiguren fangen an zu lächeln. Alles lebt. Und der Wald! Wenn der Mond durch die Blätter scheint, das ist wie in einer anderen Welt, da ist man so glücklich. Man merkt, dass die Bäume lebendige Wesen sind. Es ist, als sprächen sie. Wenn man das erlebt, in einer solchen Nacht, dann sieht man Gott. Ein Nachtvogel sang immer, wenn ich nachts gewacht habe. Und die Musik von der Quelle! Ich hatte immer Musik! Auch von Kaskaden hinten, an der Höhlenwand. Die haben so schön gemurmelt. Und die Tropfsteinmusik! Ein Stalaktit ließ bis April einen kristallklaren Tropfen fallen. Ganz rein war dieses Wasser. Ich habe ein Glas daruntergestellt. Da hatte ich einige Becher des reinsten Wassers, das man sich vorstellen kann.

Einmal, in der Regenzeit, lag ich in meinem Bett und betrachtete einen Tropfstein, der ganz im Schein des Lichtes stand. Da kamen Skorpione, die wanderten langsam immer um das Licht herum – schwarze und rosafarbene und weißlich-durchsichtige." „War dir das nicht unangenehm?" „Nein, ich habe sie nur beobachtet und gesagt: ‚Lieber Gott, die sollen bloß nicht in mein Bettchen kommen.' Manchmal kam nachts auch die Schlange, um sich zu häuten. Sie hatte leuchtende goldene Backen, als wenn sie ein Lichtlein im Mäulchen hätte. Sie ließ die Haut immer auf einer Baumwurzel, die in der Höhle wuchs. Dann wusste ich morgens: Nachts war wieder die Schlange da.

Eines morgens bin ich von der Meditation aufgestanden. Es war Regenzeit, und seit langem schien wieder einmal die Sonne. Ein goldenes Licht lag über allem. Vorsichtig bin ich zur Tür – so habe ich das immer gemacht: Nicht einfach raus, sondern hinausschauen, ob alles in Ordnung ist. Da sah ich aus einem Loch neben der Höhle einen riesigen Schlangenkopf rauskommen. Mit ihrer gespaltenen Zunge züngelte sie, als wolle sie die Gegend abtasten. Neben dem Loch standen Primeln, weiße Köpfchen mit gelbem Punkt in der Mitte, ein rosa Hauch über der Blüte. An den kleinen, runden, rotgrünen Blättern hingen Tröpfchen im Morgentau, funkelten wie Diamanten. Die hat die Schlange getrunken. Es war ein wunderschöner Anblick. Ich dachte mir aber: ‚Jetzt solltest du lieber nicht rausgehen. Lass die Schlange ihren Weg gehen.' Da schob sie ihren Kopf weiter raus und ein Fuß kam hervor, mit fünf langen, grazilen Fingern, an deren Ende sich Saugnäpfe befanden. Ich war erleichtert. Keine Schlange, sondern eine Echse – Eine Riesenechse! Einsvierundsechzig, ich habe mal eine tote gemessen. Es heißt, früher hat man die an Burgwänden hochklettern lassen, hat ihnen einen Gurt umgebunden und sich von ihnen hochziehen lassen, so fest sitzen die an den Wänden. Sie kam also ganz heraus und lief davon. Sah aus wie ein Dinosaurier, hatte einen Kamm mit Zacken, scharf wie Messer. Als die Echse zurückkam, spielte mein Hund im Garten. Ich wollte ihn rufen, da die Echse wild mit dem Schwanz um sich schlug. Wenn man da die Nase ranhält, ist sie weg. Das ist ihr Verteidigungsmittel. Mein Hund kam aber nicht. Die beiden schienen sich gut zu verstehen. Wenn du zur *Jhillmill Gufa* hochgehst, da gibt's noch viele."

Während Uma erzählte, stiegen in mir all die Fragen zum alltäglichen Höhlenleben auf, die ich mir vor allem nach dem Besuch in der *Ganesh Gufa* gestellt hatte. „Hast du im Winter nicht gefroren?", wollte ich nun wissen. „Nein, ich hatte ja das Feuer, das ewige Feuer", antwortete sie. „Das war mein einziger Freund. Die Kohlen innen gelb, außen rot, darüber eine bläuliche Flamme. Wenn es leise vor sich hinknackte, breitete sich ein tiefer Friede in der Höhle aus. Die Glut ging niemals aus, von der Decke ließ ich einen dicken Stamm an Ketten ins Feuer hinab. Das Ende bedeckte ich mit Asche, damit ich das Feuer unter Kontrolle hatte. Es räuchert auf diese Weise auch nicht. Noch mit einem Fünkchen Glut konnte ich Feuer machen. Dann holte ich Holz, das bis zu Watte zerfressen war – das brannte wie Zunder. Und wenn das Feuer einmal unverhoffterweise eine besondere Rauchwolke aufsteigen ließ, wusste ich: Es kommt jemand." „Was hast du gemacht, wenn dir trotzdem kalt wurde?" „Eine Wolldecke umgewickelt, echte Wolle, und einen Pulli angezogen."

„Gab es denn Zeiten, in denen du nichts zu essen hattest?" „Nein, ich kann mich nicht beklagen. Nur wenn Besucher da waren, habe ich mal zwangsweise gefastet. Dann hatte ich einfach keine Zeit zum Kochen." „Und du hast dich ausschließlich von dem ernährt, was dir die Leute gebracht haben?" „Nein, manchmal hat mir auch meine Tante aus Amerika Geld geschickt. Und da gab es einen reichen Mann, einen Landlord, Hanuman Prasad Podar, der alle Höhlenasketen in der Gegend mit Getreide, Öl und so weiter versorgt hat. Wir mussten ihm nur eine Liste mit unseren Wünschen geben." „Hast du auch ein paar ‚Luxus'gegenstände da oben gehabt, zum Beispiel ganz normale Bücher?" „Ja, Bücher hab ich schon gehabt. Und Räucherstäbchen und meine *Veena*."

„Hast du dich nicht manchmal einsam gefühlt in der Höhle?" „Nein, nie! – Ich hatte übrigens einen Helfer dort oben – Singh Rana. Der ist an Tuberkulose gestorben. Da kam einmal ein *Pandit* hoch, der wollte über Nacht bleiben. Der hatte Tb. Ich weigerte mich, ihn bei mir schlafen zu lassen, da schlief er bei Singh Rana im Häuschen. Der hat sich bei ihm angesteckt. Als ich zum ersten Mal in die Schweiz fuhr, sagte er zu mir: ‚Wenn du wiederkommst, lieg ich bereits im Ganges.' So war es dann auch." „Und du? Hast du in der Höhlenzeit neben den Nierenkoliken andere ernsthafte Gesundheitsprobleme gehabt?" „Ich habe mir mal mit einer Zange ins Auge gestoßen. Da hat man mir dran rumgeschnipselt. Ich konnte lange Zeit nichts sehen. Heute habe ich eine dicke Narbe."

„Was hast du dort oben so alles angebaut?" „Zitronenbäume, *Papita*, das ist so ein Dinosaurierbaum, der hat gar kein Holz, nur so ganz große Blätter, solche Fingerblätter – und ganz dicke, gelbe Früchte mit schwarzen Kernen, die sind gut für die Leber. Papaya heißt das auf Deutsch, glaube ich. Und Ingwer hatte ich, auch *Arwi*, das sind so Wurzelknollen, Gurken und Zucchini. Weintrauben und Bohnen hab ich auch gehabt, Mandarinen und Orangen . . ." „Hast du auch Früchte zum Aufbewahren getrocknet?" „Aus Zitronen habe ich *Pickles* gemacht. Ansonsten habe ich nichts konserviert. Man durfte nur wenig anschaffen, musste die Sachen in Blechkanistern aufheben. Die musste man nach draußen stellen, sonst sind die Sachen verschimmelt. Chilis habe ich noch gehabt. Einmal hab ich sogar Brennnesseln kommen lassen, um mir Tee davon zu machen."

„Kommt eigentlich deine Quelle dort raus, wo du den Bassin gebaut hast?" „Ja. Drei Jahre kam sie weiter unten am Hang raus. Da hab ich das Wasser immer in Eimern hochschleppen müssen. Dann hab ich da oben plötzlich so eine Pflanze gesehen, die nur dort wächst, wo auch Wasser ist. Ich habe mir gedacht: ‚Halt, die Pflanze steht hier! Da muss Wasser sein!' Da hab ich mit einem Pickel den ganzen Berg abgetragen. Das Gestein war sehr hart. Das bisschen Wasser, das ich dann schon bekam, hab ich immer wieder draufgeschüttet, um abtragen zu können, bis ich das Wasser zum Fließen gebracht habe. Und dann hab ich tiefer gegraben, immer tiefer, so tief ich konnte, bis ich auf die Steinwände stieß." „Du hast dir die Quelle selber gegraben?" "Ja, weißt du, vorher ist das Wasser unterirdisch geflossen. Ein Krebs hat es da langgeleitet." "Ein Krebs?" Ich lachte ungläubig auf. "Ja, ein blau-weißer mit acht Beinen, oben rot-braun. In der Wasserader lebt der." "In der Wasserader?" "Ja, der kann das Wasser blockieren, umleiten, abgraben. Schmutziges Wasser kann er nicht gebrauchen. Und der macht Junge, ach du lieber Gott! Im Juli, da kommen tausende durchsichtige, wachsähnliche Krebschen aus seinem Bauch raus! Ich hatte mir also so eine schöne Grube gegraben, die immer voll Wasser war, wo oben an drei Stellen Wasser rausgeflossen ist. Komm ich eines Tages heim und mein Wasser ist weg! Der Krebs hatte es abgegraben. Unten im Becken war ein Loch, da ging das Wasser rein. Da habe ich mir Ton geholt, roten Ton, und ihn mit Zement vermischt, hab daraus 'ne harte Kugel gemacht, die man gerade noch kneten konnte. Dann hab ich noch Steine reingeknetet und das Loch damit zugepflastert. Für den Augenblick hatte ich mein Wasser wieder, aber er hat es noch mehrere Male abgegraben."

„Bist du tagsüber auch öfter in den Wäldern rumgestreift oder warst du immer bei der Höhle?" „Na, ich hatt doch die Geißen. Mit denen musste ich weit rauf in die Wälder! Und wo sie hingingen, war ich immer dabei." „Hast du etwas dabeigehabt, um dich zu verteidigen?" „Ne, meistens nicht. Meine Flöte hatte ich dabei zum Spielen. Wenn ein wildes Tier kommt, alarmieren schon die Affen, die Rehe und die Vögel. Jeder hat seine eigenen Warnrufe. Und da versteht man dann: ,Aha, da kommt der Leopard. Alles in Deckung!' „Bist du dem mal begegnet?" „Kaum." Sie stand auf. „Du, ich muss den Hunden zu fressen geben. Die Leopardengeschichte erzähl ich dir später..."

„Kannst du später noch versuchen, eine Beschreibung der Jahreszeiten dort oben zu geben?"

Sie setzte sich wieder hin. „Ja ... Im Frühling war vor allem die Gartenarbeit dran, ich habe alle möglichen Sachen eingesät. Dann blühen die Bäume, ich hatte Orangen- und

Zitronenbäume. Im Frühjahr war die ganze Höhle in einen wunderbaren Duft gehüllt, man blickte durch schneeweiße Blütenteppiche in den Himmel, Bienen und Hummeln holten in Scharen den Nektar aus den Blütenkelchen. Es gibt einen Baum, dessen Blätter sind erst rot, dann hellgrün und zuletzt dunkelgrün. Auch das Gras beginnt zu sprießen. In dieser Zeit ist der Ganges blaugrün, ganz durchsichtig und klar.

Dann wird es allmählich heißer. Das Gras ist abgegrast, beziehungsweise die Leute holen die Reste weg – als Viehfutter. Man muss viel gießen in dieser Zeit, besonders im April und im Mai. Wenn man zum Ganges hinuntergeht, kommt einem ein kühler Hauch entgegen, als würde man den Kühlschrank aufmachen. Weil es draußen so heiß war, habe ich meine Höhlentür zugemacht. Das Problem ist, dass dann das Feuer ganz fürchterlich qualmt, weil der Rauch nicht mehr durch den Abluftschacht aufsteigen kann. Das ist zwar ein gutes Mittel gegen Moskitos, ansonsten aber ziemlich unangenehm. Um es innen kühl zu halten, habe ich außerdem den Boden feucht aufgewischt und die Tür zugemacht. Manchmal war es dann so kalt, dass ich mich zudecken musste. Eigentlich ist gerade das das Gute an einer Höhle: Im Winter ist es schön warm, im Sommer kühl – derselbe Effekt wie beim Iglu.

In der Sommerzeit wird der Ganges gräulich. Er bringt mit seinem Eiswasser Tonnen von Schwemmsand mit sich. Im Juni werden die Weintrauben reif. Wusstest du, dass Wein riecht, wenn er blüht? Ein alter Mann, der mich sehr verehrt hat, hat die Rebe aus Punjab mitgebracht, rote Trauben waren das.

Dann aber fängt die Regenzeit an. Nur noch für eine Person hat's da noch 'nen trockenen Platz gehabt. Alles, aber auch alles wird nass. Man kann nichts aufbewahren, alles geht kaputt – Kleider, Bücher, Lebensmittel. Die Tropfsteine fangen zu tropfen an und in den Ecken kommen Quellen raus. Ich habe sie alle zusammen- und dann raus- oder in einen Behälter geleitet." „Du hattest keine Plane, wie die Babas sie jetzt gespannt haben?" „Ne, da sammelt sich das Wasser drauf, und das gibt dann so 'ne Blase und das ganze Wasser kommt auf einmal runter. Ich habe Wellbleche aufgehängt, und das Wasser in Kanülen abgeleitet. Wasser hat man wirklich eimerweise in dieser Zeit. In diesem Wasser kann man auch Dhal, Linsen, einweichen, das Quellwasser war zu hart dafür. Wenn es nicht allzu viel regnete, lief ich hinaus, um draußen Wasser aufzufangen; regnete es viel, reichte mir mein Tank in der Höhle vollkommen aus. Der füllte sich dann automatisch wieder auf. Als Regenschirm habe ich *Arvi*-Blätter genommen. Und ich hab Holzschuhe gehabt, die ganz hoch waren, damit ich trockene Füße hab. Das Bett auf ein hohes Gestell und nur Wollsachen, bloß keine Baumwolle, die saugt sich voll! Den Hunden habe ich auch so kleine Gestelle gebaut. Die haben auch in der Höhle übernachtet – damit sie da sind, wenn uns mal jemand angreift." „Hast du Regale gehabt, wo du ein paar Sachen hochstellen konntest?" „So 'nen Blechkoffer hab ich gehabt, wo man Bücher und solche Sachen aufbewahren konnte – damit die Feuchtigkeit nicht reinkommt.

Der Ganges wird in dieser Zeit immer schlammiger, reißender. In der Regenzeit kommen auch die Mücken, ganze Schwärme, ‚Staubwolken' genannt. Am schlimmsten war das, wenn man auf Toilette musste. Wenn ich es gar nicht mehr aushielt, habe ich mich mit Kerosin eingerieben. Jemand sagte einmal, das sei ja furchtbar, ich solle Rapsöl aufkochen, zwei Stücke Kampfer reintun, wenn es abgekühlt ist, noch 'ne Zitrone. Damit habe ich dann auch die Grasträger versorgt.

Wenn die Regenzeit aufhört, ist alles mit einem blauen Blütenteppich übersät. Es wird langsam kälter. Die Natur ist dann so träumerisch, als wenn sie schon im Halbschlaf wäre. Erst jetzt fangen die Grillen an zu zirpen. Der Wind ändert sich, hat einen ganz anderen Ausdruck, ein wenig seufzend. Manchmal kann man noch einen warmen Talaufwind spüren, dann wird es von einer Sekunde auf die andere wieder richtig kalt. Auch das Rauschen des Ganges ist in dieser Zeit anders. Die Tage werden kürzer, es liegt ein sehnsüchtiges Licht auf der Landschaft, etwas Sehnendes. Ich hatte dann immer das Gefühl, ich müsste noch irgendetwas machen.

Wenn es dann richtig Winter ist, wird das Gangeswasser blaugrün, noch nicht so durchsichtig wie im Frühjahr, aber trotzdem schon sehr klar. Dies ist die Zeit der Orangen, Mandarinen und Zitronen. Die Zitronen gibt es sogar schon ab der Regenzeit. Die Tiere kommen früher heim, das Gras reift, die Leute kommen auf den Berg und schneiden Futter für die Kühe. Ich erinnere mich noch an manche Sonnenuntergänge dort oben in der Höhle. Still saß ich da und schaute ins Tal hinunter. Der Himmel war noch ein bisschen rötlich, der Wald schon schwarz. Bläulich stand der Mond am Himmel. Unten der Ganges, die Wellen vergoldet. Der ganze Abendhimmel hat sich im Fluss gespiegelt. Da kann man nur Gott sehen!

Einen Baum habe ich besonders geliebt – *Semel*. Habe ich dir schon die Geschichte davon erzählt? – Der Chidananda, der hat mich auf einer Vortragstournee dabeihaben wollen. Ich sollte *Veena* spielen und singen, bevor er seine Ansprache hielt. Das ist alles so 'n Hokuspokus. Da wird man als Lockköder vor die Leute gesetzt, und ... – na ja, ich reiste jedenfalls nach Rajasthan und in den Punjab. Ich übernachtete in einem Schloss in Kapurtala im Punjab. Aus meinem Zimmerfenster blickte ich in einen Baum mit handtellergroßen, leuchtendroten, fleischigen Blütenkelchen, aus denen Nektartropfen zur Erde fielen. Ich wünschte mir sehnlichst so einen Baum vor meiner Höhle, spürte die besondere Kraft des Baumes. Als ich dann wieder vor meiner Höhle stand, entdeckte ich plötzlich, dass dort auch solch ein Baum stand. Ich war ja noch nicht lange in der Höhle, und er begann gerade zum ersten Mal zu blühen. Er war der Einzige seiner Art in der ganzen Umgebung. Er blühte so leuchtend, dass man ihn noch von Laxman Jhoola blühen sah. Er war voller Papageien, die mit ihren Schnäbeln den Nektar aus den Kelchen holten. Unten verwandelten die herabgefallenen Blüten den Boden in einen Samtteppich.

Der Baum diente in vielerlei Hinsicht als Apotheke. Hatte ein Tier starken Durchfall, bereitete ich aus den Spitzen der Blätter eine Paste. Im Nu war das Tier gesund. Aus der Rinde des Baumes habe ich einen gallertartigen, durchsichtigen Saft gewonnen, der gegen allerlei Beschwerden half. Mit den schönsten der herabgefallenen Blüten schmückte ich den Nandi-Bullen. Wenn sich die Samenkapseln des Baumes öffneten, quollen kleine, baumwollähnliche Bällchen hervor, mit denen die Einheimischen ihre Kissen füllten. Sie waren aber zu fein und zu kurz zum Spinnen, hatten eine seidige Konsistenz. Ich selber habe auf Hundehaaren geschlafen. Die habe ich mir mit der Zeit zusammengesammelt."

Sie versank weiter in ihren Erinerungen. „Dem Tatwala Baba habe ich mal fünfzehn Zitronenbäume großgezogen, dazu noch *Amrut*, Guave. Er hat sich einen Zaun gewünscht, einen lebendigen, am besten aus Bäumen. Eines Tages gab mir jemand ein Stück Orange, wie ich es noch nie zuvor im Leben gegessen hatte – unbeschreiblich saftig und süß. ‚Aus dieser Frucht musst du dir einen Baum großziehen!', dachte ich mir und bat um ein paar Kerne. Aus dem Samen hat sich ein prachtvoller Baum entwickelt. – Wusstest du, dass es sechzehn Jahre dauert, bis Orangenbäume zu blühen und Früchte zu tragen beginnen?"

„Du wolltest mir noch die Leopardengeschichte erzählen", erinnerte ich sie am nächsten Tag. „Ja, an eine Begegnung kann ich mich noch bestens erinnern. Eines Tages stand ich vor meiner Höhle und roch plötzlich Fleisch. Ich habe eine sehr gute Nase – wie ein Hund machte ich die Richtung des Geruches aus und kletterte ungefähr zweihundert Meter den Berg hinauf. Dort lag auf einem Felsen ein frisch geschlagenes Reh. Der Bauch aufgerissen und die Innereien herausgeholt. Der Kopf hing nach hinten über dem Abgrund. ‚Das war der Leopard', dachte ich mir. Und dann: ‚Ich habe doch zu Hause einen Hundewelpen, dem könnte ich doch ein wenig Fleisch mitbringen.' Ich lief zurück zur Höhle, holte eine Sichel und ging zurück zum Reh. Ich schnitt zwei Beine ab, an denen sich noch ein wenig Fleisch befand, und ging zurück. Mein Hund konnte nicht alles fressen, und ich hängte den Rest an einen Ast – ganz hoch, damit niemand das Fleisch über Nacht holen konnte. Dann ging ich in meine Höhle, um mich zur Nacht niederzulegen. Ich war kaum eingeschlafen, da schreckte ich hoch: Draußen huschte ein schwarzes, geschmeidiges Etwas hin und her, drehte sich im Kreis, kam zum Gitter und fauchte fürchterlich. Der Leopard war gekommen, um seine Beute einzufordern. Mir stockte das Blut in den Adern. Obwohl ich mich hinter Gitterstäben befand, war es kein gutes Gefühl, das aufgebrachte Raubtier so nahe zu wissen. Irgendwann trollte er sich davon. Am nächsten Morgen beschloss ich, wieder zum Gazellenkörper zu gehen. Die Schäfer sagten, ich sei verrückt. Wenn der Leopard in der Nähe sei und mich bei seiner Beute sähe, könne ich mich vom Leben verabschieden. Ich ging zwar hoch bis zum Tierkadaver, als ich jedoch sah, dass das Raubtier die Gazelle wieder genauso hingelegt hatte wie beim ersten Mal, das Köpfle über dem Abgrund, wurde es mir unheimlich. Es sah aus, als habe er alles wie beim ersten Mal inszeniert, um mich auf frischer Tat zu ertappen. Übrigens hat ein Leopard auch lange Zeit in Purola sein Unwesen getrieben."

Angst

„Aber weißt du ... die wilden Tiere waren nicht mein Problem. Sie waren eher meine Beschützer. Nicht allzu viele Männer haben sich hier nachts hochgetraut. Aber es gab doch genug. Die dachten sich: ‚So eine junge Frau alleine im Wald ...' Manchmal habe ich dann mit einem Stock an den Gitterstäben der Eingangstür Alarm geschlagen, habe gesagt, es gäbe Hirten in der Nähe, die wissen, dass ich bei diesem Signal in Gefahr bin. Das hat meistens gewirkt. Es gab da einen Sadhu, der mich belästigt hat. Er lebte zusammen mit vier, fünf anderen Sadhus. Sie konnten es nicht ertragen, eine Frau, dazu noch eine westliche, in der *Ganesh Gufa* zu wissen. Die sei viel zu schön für mich. Trotz aller Abscheu hätte besonders der eine gerne mit mir ... – du weißt schon! Weißt du, wenn man da so allein in der Höhle lebt, kriegt man eine ganz bestimmte Ausstrahlung. Männer wie Frauen, da gibt's kein Halten mehr! Ich weiß auch nicht, woher das kommt.

Als ich mich weigerte, drohte er mir, sie würden zu viert oder zu fünft kommen und mir etwas antun. Und eines Tages kam er dann. Ich war gerade am Meditieren, die langen Haare offen. Er kam herein, packte mich an den Haaren, zog mich daran zurück zu Boden, versuchte sich auf mich zu legen. Habe ich geschrien und getreten! Er pflaumte mich an, ich hätte doch auch mit allen Männern aus dem Ashram geschlafen, warum also nicht mit ihm? Da gab ich ihm einen so großen Tritt, dass er in die Feuerstelle flog. Er schrie vor Schmerzen. Als er sich von seinem Schreck erholt hatte, fing er an zu jammern. Ihm würden die Augen brennen. Ich solle ihm Honig in die Augen tun. Als ich das getan hatte, jammerte er noch mehr. Das täte weh. Irgendwann schlief er ein wie ein Baby.

Ich rannte derweil hinunter ins Tal zum Försterhaus, um Hilfe zu holen. Man schickte mir einen Mann mit hoch, der fortan bei mir bleiben sollte: Das war der Singh Rana. Als wir oben bei der Höhle ankamen, war nichts mehr von der finsteren Gestalt zu sehen. Wir hatten aber zu früh aufgeatmet. Nachts, als wir draußen am Feuer saßen, tauchte eine schwarze Silhouette auf: der Sadhu. Mit einem Schlagstock schlug er auf Singhs Ranas Kopf ein. Ich schrie auf, Singh Rana rollte zur Seite, rannte sofort hinunter ins Tal, um Hilfe zu holen. Währenddessen verdrosch mich der Sadhu ganz furchtbar. Später hat man mich auch noch beschuldigt, ich hätte halt keine Männer in meine Höhle lassen sollen." „Und nach diesem Vorfall hast du dir den silbernen Keuschheitsgürtel und den Büstenhalter anfertigen lassen?" „Ja, daraufhin. Singh Rana hat mich von nun an auch jede Nacht eingeschlossen.

Er selber ging nachts nach Hause ins Dorf. Er schlug mir auch vor, nicht mehr im Wald zur Toilette zu gehen, sondern ein Gefäß in der Höhle zu benutzen. Und tatsächlich: Eines abends, als ich gerade bei meinem Gefäß saß, begannen die Hunde zu bellen. Der Sadhu stand vor der Gittertür: ‚So machst du das jetzt also?', höhnte er. ‚Gehst du gar nicht mehr raus, was? Aber glaub ja nicht, dass ich dich vergessen habe.' Am nächsten Morgen ging ich schnurstracks zur Polizei. Für einige Tage wurde der Sadhu eingekerkert, dann kam er wieder frei. Aber der lebt nicht mehr. Den hab ich so verflucht, den hat's erwischt. Nach all diesen Vorfällen bin ich so wütend gewesen, dass ich gar keine Leute mehr sehen wollte. Da hab ich Steine geschmissen."

„Glaubst du, dass damals deine Verbitterung eingesetzt hat?" „Nein, schon im Shivananda-Ashram." „Also wirklich, ich bin angekommen und alle Menschen haben mich nur schlecht hingestellt. In Indien denkt man halt, die europäischen Mädchen wären alle leicht zu haben. Das ist so schwierig. Hier muss man als Frau zum Mann gehören und der Mann muss einen beschützen."

„Und der Singh Rana hat dir von da an geholfen?" „Ja." „Hast du ihm Gehalt gezahlt?" „Er wollte keins. Aber ich habe ihm was für sein neues Haus und für die Hochzeit seiner Tochter gegeben.

Also, nach diesem Vorfall lagen bei mir die Nerven blank. Einmal rasselte es nachts an der Kette, als versuche jemand, nach innen zu greifen und die Tür aufzukriegen. Da habe ich Panik bekommen, jemand wollte zu mir herein, würde mir gleich etwas antun. Irgendwann sagte ich mir: ‚Du darfst doch keine Angst haben, jetzt schau erstmal, was das ist!' Mit einem Holzspan hab ich in das Dunkel hinausgeleuchtet. Als ich sah, wer sich dort zu schaffen machte, stieß ich einen Erleichterungsschrei aus: Am Boden saß eine Ratte."

„Wie sah so ein Tagesablauf bei dir aus?" „Mit den Vögeln bin ich schlafen gegangen. Dann um Mitternacht aufgestanden. Dann habe ich meditiert – bis vier, fünf Uhr morgens.

Die Stille des Waldes, die Ruhe des Gesteins, das war wunderbar. Da hatte ich das Gefühl ... – mit den Göttern zu spielen! Und dann kam der Morgen. Ich wollte nichts wissen von der Welt, so schön war die Nacht! Ich habe mich dann wieder auf die nächste Nacht gefreut. Das ist einfach nicht zu vergleichen mit dieser Welt aus Autos, Chaos, Menschen! Dann habe ich noch einmal geschlafen." „Wie lange?" „So bis acht. Dann bin ich eben aufgestanden und habe das Notwendigste gemacht."

„Was hältst du von dem Vorwurf, das Höhlenleben sei eine Flucht, man ziehe sich zurück von der Gesellschaft?" „Erst einmal ist es wichtig, sich von der Hammelherde abzusondern, wenn man innerlich weiterkommen will. Zumindest für eine gewisse Zeit. Die Stille und Abgeschiedenheit ist enorm wichtig. Ich habe gehört, dass es in den Bergen Tirols, der Schweiz und Frankreichs auch noch Eremiten gibt. Manche sind aus dem Kloster dorthin gegangen. Zudem kann man sich in Indien eigentlich kaum ganz zurückziehen. Die Gesellschaft kommt zu einem! Sie wollen Ermutigung, Ratschläge, innere Ruhe, Gottes Segen." „Du bist also nicht der Meinung, man solle nach einer längeren Zeit in Abgeschiedenheit wieder unter die Menschen, um sie an den Erkenntnissen, die man erhalten hat, teilhaben zu lassen?" „Die Menschen sind eben verschieden. Was für den einen gut ist, muss für den anderen noch lange nicht gut sein. Der eine mag sich in der Gesellschaft wohl fühlen, der andere nicht. Ich hab's ja versucht, aber die haben ihre Vorurteile. Und ich brauche Natur, weißt du. Da sind alle glücklich – da ist man, wo man sein soll."

Angekommen?

„Kannst du beschreiben, was für Meditationstechniken du angewandt hast?", fragte ich Uma. „Die beste Meditation war für mich zu singen", antwortete sie. „Am besten mit *Veena*. Da hat man *Asana* und automatisch *Pranayama*, Atemtechnik. Und außerdem *concentration, devotion* und *meditation* – alles in einem, ganz einfach." „Aber braucht es für Meditation nicht auch bestimmte Umstände, einen bestimmten Meditationssitz?" „Wer hat schon so viel Zeit? Damals hatte ich die, aber heute ... Die ganze Arbeit muss ja auch getan werden." „Aber gibt es nicht bestimmte Techniken – dass man sich auf einen bestimmten Gegenstand konzentriert oder so?" „Ich habe mir manchmal ein Öllämpchen aufgestellt und draufgeschaut – kann man auch machen. Oder mir einen Punkt an einem Baum ausgesucht, draufgeschaut und den Atem angehalten." „Also, du hattest nicht so eine Art Tagesplan? Es wird doch oft gesagt, der Weg sei eine Wissenschaft." „Nein. Das ist irgendwie alles von alleine gekommen. Man macht schon aus Intuition, was man braucht, um weiterzukommen. Das Wichtigste ist eigentlich, einen Guru zu haben, der sieht, wo es hängt. Aber den hatte ich halt nicht." „Hast du zum Meditieren auch ein *Mantra* benutzt?" „Nur zum Reinkommen ins Meditieren. Da hat man dann sein *Jaapa-Mala*, eine Art Rosenkranz, und rezitiert ein *Mantra*. Weißt du, eigentlich braucht man nur ein bisschen Ruhe, und der Körper muss ausbalanciert werden. Man sitzt da, und der Körper gleicht einer Waage. Weißt du ..." Ihre Stimme glitt in einen Flüsterton über – „... da fühlt man gar nicht, dass man da noch irgendwo auf dem Boden sitzt. Man hat eher das Gefühl, dass man irgendwo in der Luft sitzt. Ganz glücklich fühlt man sich dann ... Kann man gar nicht beschreiben ..." Sie lacht. „Kann auch sein, dass man aus seinem Körper rausgeht und im All herumschwebt und die Welt von oben sieht – einfach ganz woanders hingeht ...

Wenn man still dasitzt, kommen natürlich auch die Gedanken, man ist so 'ne Art *receiver*. Da erreichen einen Sachen von außen. Und automatisch kommen alle Probleme auf, die man hat. Die wollen erstmal gelöst werden, haben auch ihr Recht. Jeder, der dasitzt, wird die Erfahrung machen. Man muss sie fragen: ‚Was willst du? Wieso kommst du?' –

und sie vor Gott aufzeigen, und dann kommt auch schon die Inspiration. Oder nachts im Schlafen. Meistens wacht man auf oder die Lösung kommt im Traum. Vielleicht braucht es ein paar Tage, aber es sind ja auch Prüfungen, die Gott einem schickt." „Also, das heißt, man sucht die Lösung nicht durch Intellekt ...?" „Sondern durch Inspiration! – Ja. Es ist aber auch wichtig, sich intellektuell mit den Dingen auseinander zu setzen.

Und wenn dann alles in Ordnung ist, geht's weiter. Dann lernt der Schüler, die Gedanken von einer höheren Warte aus zu sehen – wie der Adler aus seinem Nest, als schweigender Beobachter. Und wenn dann immer noch Gedanken kommen, nimmt man sie einfach nicht so ernst. Man kann sie notieren und wahrnehmen, darf sie aber nicht so ernst nehmen. Sie kommen und gehen." „Es gibt da einen wunderbaren Spruch von Patanjali: ‚*Wenn das Bewusstsein sowohl den Sehenden als auch das Gesehene widerspiegelt, wird es allumfassend.*' ..." „Damit ist diese recht hohe Bewusstseinsstufe gemeint – *Sakshibhuta*, Beobachtungsgeist."

„Hast du einmal ein Erlebnis gehabt, wo du das Gefühl hattest, gar nicht mehr weiterzukommen?" „Es hat halt alles sehr lange gedauert. In einem Tempel in Rishikesh, da gab's so eine wunderschöne Shivastatue, da bin ich immer hin und hab ihn gefragt: ‚Warum, Shiva, warum kommst du nicht?' Einmal habe ich vor Wut so riesengroße, kelchförmige Blüten – *Datura* – auf das Bild geworfen. Und eines nachts, ich saß wie immer neben der Shivastatue in meiner Höhle, sagte er dann zu mir: ‚Ich meditier doch die ganze Zeit für dich.'" Sie lachte. „Das war dann die Antwort, und damit war ich zufrieden."

„Und hast du schließlich gefunden, was du gesucht hast?", fragte ich vorsichtig. „Ich habe alles gefunden", sagte Uma leise. „Würdest du es als ‚Erleuchtung' bezeichnen? – Was ist eigentlich ‚Erleuchtung'?" „Zuerst einmal: Wie der Buddha schon sagte: ‚*Es ist alles erleuchtet*' – und erlöst. Es gehen einem die Augen auf. Die Leute sagen, man muss Gottes

Darshan haben, aber Gott ist ja schon überall. Der Mensch weiß das nur nicht mehr. Er ist irgendwo hingestrandet, wo er sich verloren fühlt und vor sich hindämmert – ohne Erleuchtung, weswegen er auch schlecht wird. Und das Schlimme ist, dass er das nicht weiß. Stattdessen denkt er, er sei perfekt, und terrorisiert noch andere. Im Grunde ist die Erleuchtung gar nicht weit weg. Sie ist im Hier und Jetzt."
„Aber ist es überhaupt möglich, diesen Zustand festzuhalten?" „Es ist wie das Wandeln auf der Schneide eines Schwertes, man kann schnell wieder runterfallen. Man muss sich halt so erziehen, dass man immer auf dem Laufenden ist. Es sei denn, man hat Gottes Gnade und ist innerlich ganz rein. Bei Gottes Gnaden gibt's alles."

„Kannst du beschreiben, was da in der Höhle in dir vorgegangen ist?" „Das kann man eigentlich nicht beschreiben. Das ist Mystik, das kann man nur erfahren. Es ist im Hier und Jetzt. Im Grunde ist es gar nicht weit weg. Und es hängt ganz vom Einzelnen ab."

„Hat sich nach diesen Bewusstseinserfahrungen irgendetwas für dich verändert?" „Man steht einfach über den Dingen. Es ist mehr Friede. Es kann einem nichts mehr so nahe kommen, es gibt keinen Grund zum Verzweifeln. Man sieht die Dinge aus einer höheren Distanz – als schweigender Beobachter. Wie in einem Film." Ich erinnerte mich daran, dass Yamuna ebenfalls mehrere Male von jenem „Beobachtergeist" gesprochen hatte. Wenn man *Sakshibhuta*, den „inneren Beobachter", erst einmal wahrzunehmen beginne, wolle man ihn nicht mehr verlieren. Denn das sei ein ausgesprochen köstlicher, sehr wacher Zustand. Man nehme die eigenen Handlungen ganz klar wahr, wisse genau, was man tue und was für Folgen dieses Tun haben würde.

„Ist es denn ein ekstatischer Zustand, in dem man sich da befindet?", fragte ich Uma weiter. „Neeein! Das ist kein Überschäumen von Glück oder so. Es ist mehr ein friedlicher Zustand – ein tiefer innerer Friede. Weißt du", sie hielt inne, „eigentlich habe ich das innere Glück schon gefunden. Ich muss es nur aufrechterhalten. Jeder hat das Recht und die Pflicht, sein eigenes Glück zu suchen. Dann kann er es auch an andere weitergeben."

„Also kann der Mensch deiner Meinung nach schon auf Erden Vollkommenheit erreichen?", fragte ich. „Aber nicht der Körper!", rief sie aus. „Man ist ja nicht der Körper! Der unterliegt all so 'nem Zeugs. Den hat man nur bekommen, damit man auf der Welt leben kann. Man selber *ist*, auch wenn der Körper nicht mehr da ist." Sie schaute mich schelmisch an. „Man ist halt ein Geist, oder? Da geistert man halt ohne Körper, weißt du, jetzt geistern wir halt mit Körper."

Im selben Moment kam Gangaram zur Tür herein. Er hatte einen großen Kater als Mäusejäger sowie zwei Teller mit Gemüse – Chapatis und Sabtshi – mitgebracht.

Grenzgänge

Ich erfuhr, dass die Höhlenzeit fünfundzwanzig Jahre dauerte, unterbrochen von vier Jahren am Central College of Carnatic Music. Uma verbrachte sechs ihrer Höhlenjahre sitzend, das heißt, sie legte sich auch nachts nicht hin, sondern meditierte – eine selbst auferlegte Prüfung, um Disziplin und Willenskraft zu stärken, vor allem aber auch Ausdruck ihres verzweifelten Wunsches, „endlich zu Gott zu kommen, Gott zu erkennen". Tagsüber kümmerte sie sich weiterhin um das Notwendigste, also um die Versorgung ihrer Tiere, die Pflege ihrer Beete und das Zubereiten von Essen. Wenn sie Zeit hatte, widmete sie sich auch der Musik oder der Verzierung ihrer Einsiedelei mit Plastiken. Sie trug nur einen Lendenschurz und hatte ihre Brust mit einem groben Stück Stoff bedeckt; ihren Körper hatte sie mit Asche eingerieben. Als sie dieses Leben aufgab, dauerte es lange, bis sie wieder richtig liegen konnte. Ich fragte mich, was solche Selbstkasteiung für einen Sinn haben sollte, und auch, ob die extreme Körperfeindlichkeit der religiösen Gruppierungen, die dieser huldigten, nicht darauf zurückzuführen war, dass sie hauptsächlich von Männern geprägt worden waren.

„Was soll denn das für einen Sinn haben?", entfuhr es mir dann auch. Uma zuckte die Schultern. „Das passiert, wenn man zu blöd ist, wenn man sich von anderen zu sehr beeinflussen lässt. Das sind so Baba-Allüren, alles aufoktroyiert! Die Leute sagen, man sei sonst kein richtiger Sadhu. Das sagen sie auch, wenn man kein Haschisch raucht. Alle Babas brauchen scheinbar das Haschisch. Dabei ist das gar nicht nötig, wenn man ‚Sadhana', den inneren Weg, übt. Ich würde das alles nicht noch einmal machen – das jahrelange Sitzen und Asche-Tragen und so. Die Haut trocknet aus und man muss aufpassen, dass man nicht verrückt wird. Aber ich wollte doch so gern zu Gott! Dabei muss man sich gar nicht so kasteien, weil das, was man will, eigentlich schon da ist. Das hat der Buddha erkannt. Ein bisschen Selbstkontrolle ist natürlich schon nötig. Warum soll man sich so stark dem Weltlichen hingeben, wenn man danach deswegen leidet, dafür büßen muß?" Sie schüttelte den Kopf. „Es gibt da Leute, die innerlich alles abzutöten versuchen. Eigentlich sollte das Erfahren der All-Einheit aber zu einem viel größeren Mitgefühl führen – da man erkennt, dass die Trennung zwischen Ich und Außenwelt Illusion ist."

Ich erinnerte mich daran, dass mir Shankara Das von Yogis erzählt hatte, die für den Rest ihres Lebens ein Bein oder einen Arm hochhielten, so dass die Fingernägel durch die Hand wuchsen, oder von einem, der zunächst einen ganzen Haufen Rupies, dann Nadeln, dann meterweise Schnur ausgespuckt hätte, und sprach Uma auf derartige Askesepraktiken an. „Ach, die wollten nur imponieren", antwortete sie. „Das ist alles. – Du, da gab's mal einen, der nur Blüten essen wollte. Der ist dann in so einen schön angelegten Garten eingestiegen und hat die ganzen Blüten z'amme g'fresse."

Anhänger und Verehrer

Uma erzählte mir, sie sei immer wieder von zahlreichen Leuten besucht worden, die sie um ihren Segen oder einen Rat baten oder einfach nur aus Neugierde den anstrengenden Weg zu ihr emporgeklettert waren. Manche wollten sich auch nur von ihrem Veena-Spiel verzaubern lassen und ein wenig zur Ruhe finden. Sie brachten Naturalien, ein alter Brauch, der es den Sannyasis ermöglicht, ein Eremitenleben zu führen.

In der Zeit der *Kumbha Mela*, jenes großen Festes, das alle drei Jahre stattfindet – Uma war gerade dabei, die Wolle ihres Schafswidders zu spinnen – tauchten einmal fünfzig Soldaten auf, die sich vor ihr niederwarfen und ihren Segen erbaten. In dieser Zeit kam Uma auch mit jenen Devotees in Kontakt, die sie bis heute verehren und sie auch im Notfall unterstützen. Sie erzählte mir folgende Geschichte: „Wenn es oben im Himalaya zu kalt wurde, die Schneegrenze weit hinabgesunken war, machte sich Shivalingam, einer der jungen Priester des uralten Kedarnath-Tempels auf den Weg nach Süden, seiner Heimat. In Rishikesh, im Shivananda-Ashram, rastete er. Dort traf er auf mich. Er war ein außergewöhnlich schöner Mann, mit schwarzem gelocktem Haar, einer feingeschnittenen Nase, sehr ebenmäßigen Gesichtszügen und einem vollkommenen Körperbau, sah aus wie Lord Krishna selbst. Ich weiß nicht warum, aber er ist dann zum Militär gegangen. In den Ferien kam er oft zu mir in die Höhle. Einmal erzählte er, er wolle nach Kashmir. Dort befand sich ganz in der Nähe der umstrittenen Grenze zwischen dem indischen und dem pakistanischen Teil ein Shivatempel, in dem ein Freund von ihm Pujari, Tempelpriester, war. Shivalingam ließ alle Papiere bei mir und sagte, er käme bald wieder. Er kam aber nicht. Später erfuhr ich, dass er sich aufgemacht hatte, um Bilvablätter und Blumen für die Tempelzeremonie zu sammeln. Dabei muss er ein Stück über die Grenze getreten sein. Plötzlich war er von Militärleuten umgeben. Sie nahmen ihn fest und brachten ihn in ein Gefängnis. Dort wurde er sechs Jahre seines Lebens gefoltert und misshandelt. Man zwang ihn, zum Islam überzutreten. Er nahm den Namen Fakir an und lernte den Koran auswendig. Das Rote Kreuz fand ihn und brachte ihn über die indische Grenze. Das Unglück nahm jedoch kein Ende. Man hielt ihn in seinem Heimatland für einen pakistanischen Spion und sperrte ihn wieder ins Gefängnis. Das Schlimme war, dass er keine Papiere hatte, die hatte er ja bei mir gelassen. Dieser üble Sadhu, der mich immer belästigt hat, der hatte alle Fotos von mir zusammen mit diesen Papieren verbrannt. Man fragte Fakir, ob es in Indien irgendjemanden gäbe, der ihn identifizieren könne. ‚Ja', sagte er. ‚Meine Mutter lebt in einer Höhle in Rishikesh. Ihr Name ist Uma Shankarananda Giri.' Und tatsächlich: Eines Morgens kamen Militärleute zu mir hoch an die Höhle. Sie zeigten mir ein Bild und fragten mich, ob ich diesen Mann kenne. ‚Ja!', rief ich aus. ‚Wo ist der Junge? Der ist vor sechs Jahren aufgebrochen, wollte Puja in Kashmir machen und ist nicht wieder zurückgekehrt!' Die sind fast hinten übergefallen. Haben sich sofort auf der Stelle umgedreht und sind weg. Ja, und dann ist der Mann eines Tages hier hochgekommen – dick, mit Glatze und großen Brillengläsern. Er konnte kaum noch laufen. Innerlich hat er sich nicht verändert – ein guter Mann. Er wohnt jetzt in Madras. Hat eine Muslimfrau geheiratet.

Ein anderer *Devotee* – Bholanath – machte sich als junger Mann auf, die Asche seiner Mutter nach Haridwar zu bringen. In Rishikesh hörte er von einer jungen Deutschen, die in einer Höhle meditierte. Er war kein religiöser Mann, war jedoch neugierig, die junge Frau zu sehen. Uma erinnerte sich: „Eines Morgens hörte ich jemanden an die Höhle kommen. Ich schaute heraus und sah einen jungen Mann, dem das Erstaunen aufs Gesicht geschrieben war. Ich trug damals noch Asche – zwölf Jahre habe ich Asche getragen – und ein Rehfell. Später erzählte mir dieser Mann, er sei vollkommen erschüttert gewesen: dass eine junge Frau es schaffte, alleine unter so extremen Bedingungen in einer Höhle zu überleben.

Auch mein Anblick sei ihm sehr nahe gegangen. Er sagte, ich hätte ausgesehen wie eine dieser Shiva-Parvati-Statuen, die ihn bislang nicht sonderlich berührt hätten. Seit dieser Begegnung glaubt er an Gott. Er hat sogar *Sanskrit* gelernt. Von da an kam er immer mit seiner Frau, er macht immer alles mit seiner Frau. Einmal hat er gesagt: ‚Wenn du nicht wärst, wär'n wir längst alle tot.' Er ist mein größter Verehrer."

Auch die Leute aus dem Punjab, zu denen Uma jährlich zur „*Gurupuja*" fuhr, kannten sie seit der Höhlenzeit. Ich hatte mich immer gefragt, zu welchem Guru sie da fuhr, bis ich herausfand, dass sie selber der Guru war. Sie waren reiche Kaufmannsleute, die vor jeder größeren Unternehmung Uma um Rat fragten. Sie waren ihr in Zeiten finanzieller Not zwar eine Stütze, gaben ihr jedoch nicht allzu viel. Sie hatten sogar schon vorgeschlagen, ihr einen eigenen Ashram zu bauen, wenn auch aus nicht ganz uneigennützigen Motiven. Sie hätten Uma als persönliches Maskottchen quasi gepachtet, und darauf hatte diese keine Lust.

Die wilden Sechziger

Eines Tages kamen vier junge Männer den Berg hoch und ruhten sich vor Umas Höhle aus. Später erfuhr sie, dass es Musiker aus Europa gewesen waren – die Beatles auf dem Höhepunkt ihrer Karriere. Man hatte ihnen von Uma erzählt, und sie waren gekommen, sie zu sehen. „Aber die haben gar nichts gesagt", beschwerte sich Uma. „Wenn ich gewusst hätte, dass das Musiker sind, hätte ich ihnen doch mal meine *Veena* gezeigt. Aber ich hatte doch keine Ahnung da oben, was in der Welt los ist." „Hast du von denen schon mal Lieder gehört?" „Nicht viel." „Es gibt da nämlich ein Lied, das von jemandem handelt, der die ganze Zeit – Tag für Tag – auf einem Berg sitzt und zuschaut, wie Sonne, Mond und Sterne auf- und untergehen – mehr nicht. *Day after day, alone on a hill, the man with the foolish grin is keeping perfectly still …*

Die Leute sagen, er sei verrückt, er weiß aber, dass sie es sind, die verrückt sind. *He never listens to them, he knows that they're the fool..."* „Accha – ach so?"

Es war die Zeit, in der auch Prominente wie Mia Farrow und Shirley MacLaine Indien entdeckten – und ihren Guru Maharishi Mahesh Yogi. „Von den berühmten Leuten hab ich damals nichts gewusst", sagte Uma. „Und Maharishi, was hast du von dem mitbekommen?" „Der hat neben uns auf demselben Berg gewohnt, etwas weiter drunten am Ganges. Er wollte einen schönen Tempel bauen, hat große Pläne gehabt. Er suchte Bildhauer für die Götterfiguren, ich sollte ihm auch welche machen. Da ist aber nichts draus geworden. Einen Flugplatz wollte er sich auch bauen, hatte schon damit begonnen, den Wald abzuholzen. Da kamen dann die Forstbehörden angefahren. Er hat sich irgendwo drunten im Keller versteckt, und die Leute haben gesagt, er sei nicht da." „Sagt dir auch Osho etwas? Mit Maharishi zusammen war er wohl derjenige, der am stärksten die Massen aus dem Westen angezogen hat." „Was mir am Osho aber nicht gefallen hat, ist, dass er gesagt hat, ohne Sexleben könne man gar kein *Samadhi* erreichen", antwortete Uma. Ich musste lachen. „Das kann ich mir vorstellen, dass dir das nicht gefallen hat! Die Macht scheint denen ja übrigens allen nicht gut bekommen zu sein." „Ja, und manche leisten sich dann Sachen, die sie sich lieber nicht leisten sollten – Mädels anfassen und so."

„Wie hast du denn die Sechziger und Siebziger erlebt? Hast du viel von den Hippies mitbekommen?", wollte ich wissen. „Ja, die Hippies ... Es gab viele damals in Indien, auch in Rishikesh. Da war zum Beispiel der Hans. Der hat seinen Pass und sein Visum – seine ganzen Papiere – in den Ganges geworfen. Wenn die Polizei hinter ihm her war, ist er einfach in den Ganges gesprungen und rübergeschwommen – die eine Seite war ja Pauri-Garwhal, die andere Tehri-Garwhal, da konnten sie nichts mehr machen. So hat der das Jahre lang gemacht. Das war ein bunter Vogel! Alle kannten ihn. Dann kam so ein Mädchen aus Deutschland, der hat er dann das Haschischrauchen beigebracht. Das Mädchen hat immer Geld von der Mutter aus Deutschland bekommen, davon konnten die beiden ganz gut leben. Zu essen gegeben hat ihm ein *Dom*, ein Kastenloser. Dem hat er versprochen, er nimmt ihn irgendwann mit nach Deutschland. Als nichts passiert ist, hat der sich irgendwann betrogen gefühlt. Als das Mädchen nach Delhi gefahren ist, um ihr Visum zu verlängern, hat sie dem Hans ihren Brustbeutel gegeben, da war all ihr Geld drin. Das hat der Mann gesehen und dem Hans Stechapfel ins Essen getan. Der ist sofort bewusstlos gewesen, das Geld war weg. Ist das Mädchen aus Delhi zurückgekommen, hat gefragt: ‚Wo ist der Hans?' Hat ihn bewusstlos vorgefunden. Da hat sie so einen Karren genommen, vier Räder und ein Brett, wo man normal Gemüse drauf verkauft, hat den Hans draufgelegt und ist über Stock und Stein vom Swarg Ashram nach Laxman Jhoola – über die Brücke! – ins Hospital von Rishikesh. Und der Hans …!" Sie ließ in Erinnerung Arme, Beine und Kopf hin- und herschlingern, lachte laut dabei. „Ist sie mit ihm ins Krankenhaus und die Ärzte haben ihn wieder hingekriegt! Kaum war der wieder heile, kommt die Polizei, schnappt ihn, und ab nach Delhi! Die sind mit ihm auf die deutsche Botschaft gegangen, haben ihn dort vorgeführt. Aber der Hans, der hat kein Wort Deutsch gesprochen, nur Englisch und Hindi. Und jedes zweite Wort war Gott. Was die denn mit so einem Visum wollten, Indien gehöre nur Gott und somit allen. Die auf der deutschen Botschaft haben gesagt, das könne kein Deutscher sein und haben ihn wieder weggeschickt. Die sind von Botschaft zu Botschaft. Keiner wollte ihn haben, alle haben gesagt, er sei verrückt. Zum Schluss haben sie ihn doch wieder bei der deutschen Botschaft abgesetzt. Die haben dann gesagt, sie sollten ihn wieder dorthin mitnehmen, wo er hergekommen sei. Von da an war der Hans in Rishikesh ein freier Vogel. Eines Tages kam die Mutter des Mädchens zu mir an die Höhle, hat gefragt, wie sie der Tochter das Haschischrauchen abgewöhnen könne. Irgendwann sagte sie dann selbst: ‚So Leid es mir tut: Dann schicke ich ihr eben kein Geld mehr.' Das Mädchen ist dann zurück nach Deutschland." „Und der Hans?" „Dem ist irgendwann auch ein Licht aufgegangen, und er ist zurück nach Deutschland. Wo er ist, weiß ich nicht." Sie schmunzelte mich an. „Das ist die Geschichte vom Hans!"

„Hat auch mal jemand versucht, dich zu vergiften?", fragte ich, lauter Horrorgeschichten von irgendwelchen Travellern oder aus Reiseführern im Kopf. „Ja, das ist mir auch schon einmal passiert. Ich war mit dem Bruder von Gangaram unterwegs, wegen meines Visums. Wir wollten in einem Ashram bleiben, den ich kannte. Dort bot man uns etwas zu essen an, nachdem alle anderen schon fast fertig waren. Dann brachten die Leute mich zu ihrem Swami. Ich sollte unterschreiben, dass ich mein Grundstück und die Höhle hergebe. Ich fragte mich, wie die das so einfach verlangen können und habe nicht unterschrieben. Wir sind dann mit dem Auto nach Dehra Dun, wo wir bei einem *Commissioner* übernachten wollten, den ich kannte. Im Auto wurde ich ganz benebelt. Ich weiß noch, wie wir in der Stadt kurz anhielten, weil ich Jodtinktur kaufen wollte. Ich ging in einen Laden, der unter anderem Medikamente hatte, und lachte blöd vor mich hin. Das sei ja so ein richtiger Kram-Laden! Von der anderen Straßenseite rief der Bruder vom Gangaram, ich solle rüberkommen, was ich denn da so rumstünde. Ich rannte einfach los, wurde von einer Riksha gerammt und fiel bewusstlos um. Sie hatten mir Gift ins Essen getan, das einen alles machen lässt, was einem gesagt wird. Zum Glück hatte es noch nicht gewirkt, als ich bei dem Swami war. – Ich bin so ein Rasputin, den haut nichts so schnell um. Der Mann wusste nun gar nicht, wo ich hinwollte, er hatte die Adresse von dem *Commissioner* nicht. Er kam mit mir wie mit einem Baby auf dem Arm irgendwann dort an. Die Leute dachten, ich hätte schlicht und einfach einen Autounfall gehabt."

„Musik, Kreativität!"

„Eines Tages kam ein junger Schweizer zu mir an die Höhle, der sagte, Omkarananda, mein *Gurubrother*, also jemand, der ebenfalls bei Swami Shivananda Sannyas genommen hat, habe mich in die Schweiz eingeladen. Ich solle gleich mitkommen. Da bin ich dann halt mitgegangen. In der gesamten Höhlenzeit war ich drei Mal in Europa.

Dieses erste Mal war ich neun Monate in der Schweiz. Aus Indien hatte ich Schallplatten von dem berühmten *Veena*-Spieler *Chitta Babu* mitgenommen. Als ich die hörte, war ich völlig begeistert. ‚Ich muss *sofort* zu diesem Mann, um bei ihm *Veena* zu lernen!', hab ich mir gedacht. Dann habe ich versucht, so schnell wie möglich zurückzukehren, aber das war gar nicht so einfach. Man wollte mich am liebsten im Omkarananda-Ashram behalten. Irgendwann gelang es mir doch, ein Visum zu bekommen und zurück nach Indien zu fliegen. In Delhi habe ich einen Minister aufgesucht, dessen Familie ich schon im Shivananda-Ashram kennen gelernt hatte. Ich hab ihn um Hilfe gebeten bei der Suche nach *Chitta Babu*. Der Minister fand heraus, dass der sich gerade in Südindien aufhielt, sein Lehrer aber in Delhi. Ich bin sofort hin zu ihm, aber er hat gesagt, er habe keine Zeit, Unterrichtsstunden zu geben. Seine Arbeit beim Rundfunk nehme zu viel Zeit in Anspruch. Aber bestimmt sei Chitta Babu bereit dazu. Madras sei allerdings die Hölle. Da hab ich gesagt: ‚Ich gehe gerne in die Hölle, wenn ich nur *Veena* bei einem so guten Lehrer lernen kann.' Ich konnte nicht wissen, dass ich die Hauptstadt Südindiens lieben würde.

‚Ganesha, Ganesha', betete ich, ‚hilf mir doch, dass ich irgendwie zum *Chitta Babu* komme.' Und tatsächlich: Eines Tages stand ein Mann vor meiner Höhle, hochgewachsen und ganz dunkel, der war Lokomotivführer. Der hatte was übrig für Sadhus und Asketen. ‚Ja, kommst du aus Tamil Nadu?', fragte ich ihn. ‚Ja', antwortete der Mann, ‚da komme ich her.' ‚Ha, kennst du den *Chitta Babu*?' ‚Ja, das ist doch ein ganz berühmter *Veena*-Spieler, den kennt im Süden jeder.' Ich erzählte ihm, dass ich unbedingt zu diesem Mann wollte, um bei ihm Unterricht zu nehmen. Da hat mich der Lokführer tatsächlich mit nach Südindien genommen – hat mich als Familienmitglied ausgegeben. Ist das nicht verrückt? Auf solchen verschlungenen Wegen bin ich aufs *Madras-College* gekommen!" „Wie lange hat deine Zeit dort gedauert?" „Von 1975 bis 1979. Der Lokführer hat mich zuerst bei einer Freundin untergebracht, und er brachte mich auch tatsächlich hin zu dem Guru. Ein paar Unterrichtsstunden hat er mir auch gegeben, allerdings nicht viele, und so saß ich die meiste Zeit zu Hause. Damit ich das nicht musste, hat die Freundin vom Lokführer einen weiteren Musiklehrer engagiert. Später zog ich um zu diesem Lehrer. Da konnte ich aber nicht üben, weil der Sohn für seine Prüfungen lernen musste. Es ist auch etwas Schlimmes passiert. Ich hatte für meine Musikausbildung dreitausendsiebenhundert Rupies von meiner Tante aus Amerika bekommen. Das war damals viel Geld – ein normaler Arbeiter bekam damals hundert Rupies im Monat. Plötzlich waren siebenhundert Rupies verschwunden. Da schlug der Lehrer vor, ich solle ihm die restlichen dreitausend geben, er könne sie auf seinem Konto sicher aufbewahren. Ich könne sie jederzeit zurückbekommen. Ich willigte ein. Tatsächlich sollte ich das Geld nie wiedersehen. So stand ich ohne alles da. Zu Hause musste ich dazu noch erleben, wie seine Frau immer neidischer und gehässiger wurde. Dabei lebten die Geliebten des Mannes außer Haus, und ich wollte einfach nur meine Ruhe. Dieser Mann brachte mich dann auf der Musikakademie unter, wo ich einen *teacher's course* belegte. Er sagte einfach: ‚Da ist eine, die kann die *Veena* spielen. Singen kann sie auch gut. Die soll hier Unterricht bekommen', und schon hatt' ich die Stelle.

Dort waren leider so viele Schüler in einer Klasse, dass man nichts machen konnte. Ach, und da war dann eine Lehrerin, die hat die *Veena* falsch gestimmt und drauf rumgedroschen. Da hab ich einen Weinkrampf bekommen – konnt' nicht mehr aufhören. Da kam der Violinmeister und hat mich gefragt, was los sei. Ich hab gesagt: ‚Die hat die *Veena* falsch gestimmt und spielt so schrecklich, ich halt das nicht aus! Ich muss in eine andere Klasse!' Ich hab gedacht: Gesang wär gut – da hab ich Worte, Rhythmus und Musik gleichzeitig. Bei der *Veena* hat man nur die Melodie – nicht wahr? Aber meine Stimme war zu der Zeit ganz kaputt. Der Lehrer hat mich gefragt: ‚Wie willst du mit so einer Stimme Gesangsunterricht nehmen?' Ich habe gesagt: ‚Die kommt doch wieder!' Und dann kam sie eines Tages. Da war der Lehrer so glücklich, dass er mir gleich Schnupftabak gegeben hat." Sie lachte laut auf. „Dieser Lehrer hat mir geraten, gleich die indische Staatsbürgerschaft zu beantragen. Er könne mir einen Job verschaffen – als Musiklehrerin." „Warum hast du's nicht gemacht? Schon damals wegen der Rente?" „Ja! Ich könnte heute in der Musikwelt sein, müsste nicht hier sein. Aber es sollte halt so kommen!" „Die haben dich bestimmt dort alle sehr verehrt." „Ja, schon. Einmal haben sie gesagt: ‚Heute brauchen wir gar nicht mehr zu den Göttern, die Götter kommen zu uns.' Das war halt, weil ich wie der Gott Shiva ausgesehen habe." Ich lachte auf. „Na, wenn das mal kein Kompliment ist!"

„Aber warte, es geht noch weiter, das ist so eine Geschichte für sich: In der Zeit des Musikcolleges lebte ich also bei diesem Musiklehrer. Im Nachbarhaus lebte der berühmteste Musiker ganz Südindiens. In seinem Haus rezitierten Brahmanen die vedischen Verse – dieselben wie im Ashram. Als ich das hörte, begann mein Herz schneller zu schlagen. Wie lange hatte ich diese Verse nicht mehr gehört! An der Hauswand wuchs ein Kokosnussbaum von unserer Seite zum Fenster des anderen Hauses. Da bin ich dann hochgeklettert und habe mich im Geäst versteckt und mitgesungen. Ich war so glücklich! Eines Tages haben mich die Enkelkinder des Mannes entdeckt, haben mich an die Hand genommen und haben mich vor den Großvater gestellt, und da habe ich ihm meine ganze Geschichte erzählt, auch das Desaster mit dem Geld. Der Mann war entsetzt, sagte aber, das Geld sähe ich bestimmt nicht wieder. Er hat dann die Leute angewiesen, mich im Studentinnenwohnheim des Colleges unterzubringen. Dort musste ich mich einer Prüfung unterziehen. Die Leute waren ganz glücklich. Die *Veena* spielte ich, und singen konnte ich auch gut." „Die Gesänge, die du jeden Tag in deinem Raum übst, sind die auch von damals?", fragte ich. „Ja." – „Mein Gott, wie lange hast du die Tonabfolgen und Texte behalten! Sie müssen wirklich tief in dein Herz hinabgesunken sein! Bist du in jener Zeit auch mal zurück zur Höhle?" „Ja, in den Ferien – für ungefähr zwei Monate. Den Rest der Zeit hat der Singh Rana auf meine Höhle aufgepasst."

Die Staatsprüfung am *Central College of Carnatic Music* in Gesang, *Veena* und Flöte bestand Uma als Beste aller Schüler und Schülerinnen. Es gibt ein Video, auf dem sie mit anderen indischen Musikern zu sehen ist. Im Hintergrund sitzend, die langen verfilzten Haare hoch aufgetürmt, spielt sie die *Tampura*.

„Warum ist dir eigentlich die Musik so wichtig?", fragte ich Uma. „Die Musik ist eine der wichtigsten Energiequellen", antwortete sie. „Energie und Inspiration haben ganz viel miteinander zu tun." „Das heißt, man kann seine verborgenen Energien auch auf eine andere Art als durch Yoga wecken? Kreativität und Spiritualität sind also für dich eng miteinander verbunden?" „Ja, genau. Weißt du, für mich ist Gott der größte Künstler und zugleich Quelle der Inspiration. Er ist der größte *Devotee* und Liebende, den es überhaupt gibt. Musik ist für mich nicht bloßer Zeitvertreib, sondern eine Form der Meditation, der Hingabe.

Weißt du, die Harmonie ist das Wichtigste. Es entsteht eine innere Harmonie, die auch nach außen abstrahlt. Die ganze Atmosphäre wird gereinigt. Auch die Bäume, die Tiere und die unsichtbaren Wesen freuen sich." „Man sagt, die Schwingungen, die dabei entstehen, entspringen aus dem Urton Om, nicht wahr?" „Das sagt man so, weil der erste Ton der *Om-Kar* gewesen sein soll", antwortete Uma. „Daraus haben sich die sieben Töne, dann die *Ragas* entwickelt, die Tonarten, und damit die Musik – und dann, langsam, langsam, hat sich das Ganze erst zum Sichtbaren, zur Schöpfung entwickelt." „Das heißt, alles ist aus einer Energie, aus Musik hervorgegangen?" „Ja, erst war die Schwingung, dann der *Sound* – die Musik, Kreativität! Alles hat seinen Ausdruck, seinen individuellen Ausdruck. Doch das Spezielle ging erst aus dem Einen, dem Formlosen, hervor." „Symbolisiert nicht auch der tanzende Shiva den Schöpfungstanz?" „Ja, alles ist ein Spiel Gottes und ein ewiger Tanz, wahrscheinlich tanzen die Planeten auch! Man muss das Mystische dahinter verstehen, das Paradiesische der Schöpfung." Sie schwieg eine Zeit lang, bevor sie weitersprach: „Ja, weißt du, die Musik, das ist ein Himmel für sich, da ist man in einer ganz anderen Welt."

„Und die zwei anderen Male in der Schweiz? Warum warst du wieder dort?" „Das zweite Mal, um mir meine Nierensteine herausoperieren zu lassen", antwortete Uma. „Der Omkarananda hatte mir angeboten, die Kosten für die Operation zu übernehmen, allerdings nur eine billige Operation, das heißt ohne Ultraschall. Dieses Mal blieb ich viele Monate. Das letzte Mal war ich sogar zweieinhalb Jahre in der Schweiz. Ich bin aus eigenem Antrieb hingegangen, unter anderem, um ein wenig Geld zu verdienen. Eigentlich wollte ich nur kurz bleiben, bekam aber kein Visum mehr für Indien. Allerdings musste ich immer nach drei Monaten nach Deutschland rüber. Kein Deutscher und keine Deutsche durfte sich in der Schweiz länger als drei Monate aufhalten. Die Leute sind dann für einen Tag rüber, zum Beispiel zum Einkaufen, eine reine Formalität. So bin ich also zwischen Deutschland und der Schweiz hin- und hergependelt. Eine Zeit lang lebte ich bei meinem Bruder in der Schweiz, dann bei meiner Schwester. In Deutschland fühlte ich mich wie 'ne Pusteblume, die nicht weiß, wo sie runtersoll. Ich lebte die meiste Zeit in Landshut bei der Freundin, mit der ich mir im Kloster ein Zimmer geteilt hatte. Die war Buddhistin, war in so einem buddhistischen Kreis. Da war ich immer mit dabei, musste kochen, wenn die ihre Versammlungen hatten. Der Mann meiner Freundin war Graphikdesigner und wollte Perlen aus Ton für Ketten – innen hohl, außen mit filigraner Verzierung. Die habe ich als Gegenleistung für Unterkunft und Verpflegung produziert. Eine Heidenarbeit ist das gewesen."

Aufbruch zu neuen Ufern

Uma lebte bis 1990 in der Höhle, immer wieder besucht von zahlreichen Menschen – so auch von Barabara Rausch, die ihr eine ganze Seite in ihrem Reiseführer *Indien-Nepal* widmete. Mittlerweile lebte auch Gangaram bei ihr, der der Sannyasini zur Hand ging. Er war, wie ich erfuhr, als Junge auf abenteuerliche Weise zu ihr gelangt: Eines Tages – sie war gerade dabei, die Ziegen zu hüten – tauchte eine ganze Kompanie von Soldaten vor ihrer Höhle auf. Deren Kommandeur war Bewunderer eines Swamis und hatte seine Soldaten gleich zum Aufbau dessen Ashrams abkommandiert. Diese hatten von Uma gehört und kamen nun aus Neugierde den Berg hinauf. Sie auf der einen, Uma auf der anderen Seite der Schlucht, riefen die Soldaten hinüber: „Warum hütet kein junger Mann die Ziegen für dich?" Sie erwiderte, sie habe eben niemanden, der dies für sie machen könnte. Die Soldaten versprachen, jemanden zu schicken. Dies war Gangaram, der zu jener Zeit in der Küche des Ashrams arbeitete. Er lebte drei Jahre mit ihr in der Höhle, half ihr, wo er konnte, und hielt ihr die Männer vom Hals. Einmal sperrte er einen für eine ganze Nacht in den Hundezwinger. Uma wurde seine *Guruji*, seine verehrte Lehrerin, und zugleich seine *Mataji*, seine verehrte Mutter. Gangaram verehrte seine Lehrmeisterin, auch wenn die Beziehung zwischen den beiden nicht immer konfliktfrei war. Er war schon oft davongelaufen, wenn er sich mit der Sannyasini gestritten hatte, und hatte sein Glück als Verkäufer, „Sadhu" oder Apfelgärtner in Himachal Pradesh versucht, war jedoch immer wieder zu der alten Frau zurückgekehrt, um sie zu unterstützen und, wenn auch widerstrebend, ihr hartes einsames Leben zu teilen. Er schimpfte oft, sie dürfe nicht so viele Tiere halten, und träumte von einem angenehmeren Leben in Europa – Europa, wie er es sich vorstellte.

Uma war bereits zu einer kleinen Berühmtheit geworden, als ein furchtbares Unwetter die Höhle fast zum Einsturz brachte. Es tobte eine Nacht lang, und als die Sannyasini am nächsten Morgen vor den Eingang trat, war die Welt wie verändert. Sie erfuhr, dass auf der anderen Seite des Hanges ein ganzes Dorf abgerutscht war und die Menschen unter sich begraben hatte. In der Höhle brachen gleichzeitig drei Quellen los. Die ganze Höhle stand unter Wasser. Uma wusste, dass ihr diese Feuchtigkeit gesundheitliche Probleme verursachen würde, litt sie doch seit der Typhuserkrankung an Nierensteinen. Da die Regierung aus der Gegend, in der die Höhle lag, zudem ein Wildreservat für Elefanten und Leoparden machen wollte, zog sie in die Nähe von Purola, dem Geburtsort Gangarams. „Warst du frustriert, als du die Höhle verlassen musstest?", fragte ich sie. „Hattest du das Gefühl, nicht erreicht zu haben, was du erreichen wolltest?" „Nein, ich hatte doch alles erreicht. Es war gut zu gehen. Das Leben dort oben war einfach zu gefährlich. Alle Babas haben dann auch ein Kündigungsschreiben bekommen."

„Wenn du dein Leben *revue* passieren lässt, was würdest du anders machen?", wollte ich wissen. Uma überlegte kurz: „Ich würde eben nicht mehr alles aufgeben, den Job und alles. Und ich würde auch nicht noch mal fünfundzwanzig Jahre in einer Höhle leben, das war zu viel Kasteiung. Man muss sich nicht so kasteien. Es ist schon gut, was Gott gegeben hat, das hat alles seinen Sinn. Wichtig ist vor allem, dass man selber denkt, klar im Kopf ist und nicht immer macht, was andere sagen. Außerdem hätte ich vielleicht noch stärker nach einem guten Guru suchen sollen, als Shivananda tot war. Ich musste halt viel selber erkennen und mich selber durchschlagen. Aber ob ich ihn gefunden hätte, das ist die große Frage, so etwas ist Glückssache."

„Glaubst du, dass man unbedingt einen Guru braucht?", wollte ich wissen. „Ich denke schon", antwortete Uma. „Warum? Glaubst du nicht auch, dass man, wenn man ein großes Potential an Intuition und Denkkraft hat, auch selber gut vorankommen kann?" „Es gibt ganz kleine Fehler, aufgrund derer man ein ganzes Leben an einer Stelle bleibt, nicht weiter kommt. Die kann der Guru korrigieren, wenn er sie erkennt. Er kann unser inneres Seelenleben überwachen, unseren Seelenweg. Siehst du, ich bin mit Talenten auf die Welt gekommen, musste aber trotzdem ausgebildet werden. Von klein auf habe ich modelliert, ohne zu wissen, dass es den Beruf Bildhauer gibt. Ich hab schon schöne Sachen gemacht, aber mein Meister, der Herr Rother, hat mir dann beigebracht, wie man materialgerecht arbeitet, hat mich in Stil, Ausdruck, Komposition unterrichtet." „Woran kann man einen guten Guru erkennen?" „Na, dass er einen innerlich weiterbringt. Dass man merkt: ‚Ja, ich bin einen Schritt weiter.' Und dass er das richtige Verhältnis zur Welt, zur Umwelt, zu anderen, erklären kann. Sich auch für einen interessiert und verständig ist. Also einer, der einem das Leben nicht abschneidet. Das merkt man schon. Aber du, auch ein Stein, ein Tier kann unser Guru sein. Gott kann durch alles sprechen."

„Was erhoffst du dir fürs Alter?" „Ich hoffe eben, dass ich irgendwann endlich ein wenig Ruhe für mich habe – Zeit für Kunst und Meditation. Es wäre schön, nicht immer diese finanziellen Sorgen zu haben. Ich hoffe, dass ich einmal endlich genug zu essen habe für alle, dass ich meine Arbeiter bezahlen kann." „Aber könntest du ohne diese Arbeit beziehungsweise ohne deine Tiere leben?" „Na, man muss schon immer was zu tun haben, einfach nur sitzen und fett werden –

nein danke! Ein paar Tiere würde ich auch bei mir behalten, ohne Tiere könnte ich nicht leben. Aber dies ist eben zu viel. Was ich mir noch fürs Alter erhoffe, ist, dass ich bis zum Schluss noch für mich selber sorgen kann, niemandem zur Last fallen muss." „Woher bekommst du eigentlich das wenige Geld, das du hast?" „Manche Leute geben halt ein bisschen, andere etwas mehr, zum Beispiel Dr. Gehrke, eine Apothekerin aus Deutschland." „Könntest du dir denn vorstellen, irgendwann dorthin zurückzukehren?" „Da habe ich doch fast niemanden mehr. Auch keine Wohnung und keine Arbeit. Es ist doch alles so teuer dort. Ein Leben in Deuschland wäre zwar einfacher und vielleicht auch ein bisschen weniger gefährlich, aber hier scheint wenigstens die Sonne und ich atme frische Luft." „Besitzt du inzwischen eigentlich die indische Staatsbürgerschaft?" „Die hatte ich doch schon beantragt, aber dann nicht genommen wegen der Rente. Vor zwei Jahren kam ein Brief, ich müsse innerhalb von vierzehn Tagen das Land verlassen. Ich bin zum Rechtsanwalt nach Delhi. Der hat gesagt, da könne er auch nichts mehr machen. Wir müssten nach Allahabad vors hohe Gericht. Da sind wir dann zusammen hingefahren, seitdem habe ich ein *stay*, eine vorläufige Aufenthaltsgenehmigung. Für die Aktion wollte der Rechtsanwalt fünfzigtausend Rupies. Ich habe ihm vierzigtausend gegeben, mehr kann ich nicht bezahlen. Ich habe ihm meine besten Fotos als Beweismaterial für mein Leben als Sadhvi gegeben, und meinen Pass, die rückt er jetzt nicht mehr raus."

„Wie stellst du dir eigentlich den Tod vor?" „Wenn er kommt, möchte ich *Samadhi* nehmen." „Was ist *Samadhi*?" „Ein sich völliges Einstellen auf Gott. Der Zustand, wenn man im Lotossitz in die Einheit eingeht. Wenn ein großer Swami stirbt, sagt man auch nicht, er stirbt, sondern er ist eingegangen ins *Mahasamadhi*." „Und wenn du einfach tot umfällst?" „Ich werde schon merken, wenn der Tod kommt. Zumindest eine Minute vorher werde ich noch meinen Geist emporschwingen."

„Du glaubst doch an die Wiedergeburt – glaubst, dass du dem Kreislauf der Wiedergeburt entronnen bist?" Etwas zögernd, aber schelmisch lachend antwortete Uma: „Ja, doch, ich glaube schon. Wenn's mir da oben gefällt, bleib ich, wenn nicht, komm ich eben wieder runter!"

Teil IV – Auf dem Weg

Eine wunderbare Idee

Nach einigen Wochen bei Uma kam ich auf die Idee, dass es wunderbar wäre, mit ihr zusammen zur Gangaquelle zu fahren. Schon immer hatte ich dorthin gewollt, und mit ihr wäre es natürlich etwas ganz Besonderes. Eines Morgens – die Sannyasini war gerade dabei, den Hundezwinger zu reparieren – fragte ich, ob sie nicht Lust hätte mitzukommen. Sie hantierte weiter an dem Drahtgittter, schien zu überlegen. – „Jaaaa ... Warum nicht? Ich müsste nur sicher sein, dass hier oben alles klappt."

Einige Tage erwähnte ich das Thema nicht mehr. Dann drängte allmählich die Zeit. Mein Rückflug nach Deutschland ging in acht Tagen. Ich erklärte Uma, dass wir, wenn das mit der Fahrt klappen sollte, spätestens am nächsten Tag aufbrechen müssten. Sie stimmte zu und konnte glücklicherweise alles mit ihren Arbeitern regeln. Schnell packten wir das Notwendigste zusammen, um am Morgen darauf aufzubrechen. Gangaram war bereits zwei Stunden zuvor ins Tal hinuntergelaufen, um im Voraus einen Jeep zu organisieren. Das Gefährt fiel geradezu auseinander und ineinander verknäult und lachend kamen wir in Purola an. Dort warteten wir erneut für mehr als eine Stunde auf einen freiwerdenden Jeep. Endlich fanden wir einen Fahrer, der bereit war, uns für einen akzeptablen Preis mit nächtlichem Zwischenstopp in Uttarkashi nach Gangotri zu bringen. Die befahrbare Straße hatte dort ein Ende, und die Pilger brachen zu Fuß zur Quelle auf.

Als wir Purola hinter uns ließen, war es bereits nachmittags. Die Straße vor uns wand sich um immer neue Kurven aufwärts. Es ging durch Nadelwälder und dichten Forst. Die Sonne tauchte die Landschaft beim Untergang für wenige Augenblicke in leuchtendes Rot, dann brach die Nacht herein. Wir rasteten in einem *Chaishop* am Straßenrand. Ein halbes Dutzend Wellblechhütten luden zum Teetrinken ein. Aus dem einen oder anderen Dunkel kroch der Duft nach *Samosas*. Wir setzten uns zu einer Frau aus Nepal, die schweigend über einem kleinen Feuer Tee zubereitete.

Nach zwei weiteren Stunden Fahrt Uttarkashi – „nördliche Stadt des Lichtes", auch das „Benares des Nordens" genannt. Dort unten lag der Ort im Licht des aufgegangenen Vollmondes. Wie ein silbernes Band durchquerte die Ganga die Himalayastadt. Wir gelangten in den Ort, verirrten uns in seinen engen Gassen. Der Fahrer ließ uns aussteigen. Wir verabredeten uns für den nächsten Tag um neun am Busstand. Noch im Halbschlaf schwankte ich zwischen dunklen Hausfassaden dem *einen*, alles übertönenden Geräusch entgegen: dem Rauschen der Ganga. Plötzlich standen wir vor ihr: Der Fluss rauschte durch die helle Mondnacht, reißend in der Enge des Tales. Das Wasser war vollkommen klar. Am anderen Ufer eine Ansammlung steil in den Himmel aufragender Pinien. In mir vollkommene Stille. An den Stufen zum Fluss die Eingangstür eines kleinen Ashrams. Umas Stimme dicht an meinem Ohr: Hier sei sie vor vielen Jahren schon einmal gewesen.

Die Tür knarrte beim Eintreten in den Garten des Ashrams. Eine Pflanze verströmte einen betörenden Duft – *Rat ki Rani*, Königin der Nacht. Ein Baba mit Kugelbauch unter orangefarbener Robe trat uns entgegen. Er trug eine Brille mit dicken Gläsern, begrüßte Uma freudig. Sie berührte seine Füße, ich legte die Handflächen aneinander, senkte leicht den Kopf. Er wehrte ab, redete sie mit *Mataji* an, erzählte, dass sie vor ungefähr zehn Jahren schon einmal dagewesen sei. In seinem kleinen Zimmer liefen Nachrichten: Der Angriff der USA auf Afghanistan schien besiegelt. Mir wurde schlecht. Schon in Rishikesh hatten alle wie selbstverständlich vom Krieg gesprochen. Was war bloß los mit den Leuten? Hatten sie sich schon an den Gedanken des Krieges gewöhnt? Sie machten mir Angst.

Unsere Zimmer waren klein und sauber. Das hellblau gestrichene Gebäude ragte aus dem vor Blumen überbordenen Garten hervor. Durch die mannshohen Gewächse wanderte man wie durch einen Wald. Ich unterhielt mich mit Jaap und Ami, einem sehr sympathischen holländischen Pärchen. Bevor der Ashram schloss, gingen wir schnell noch etwas essen. Die Uma, die ich jetzt erlebte, war nicht mehr die verbitterte, gealterte, überarbeitete Frau, wie ich sie manchmal in Purola erlebt hatte, sondern ein junges Mädchen. Lächelnd und mit leuchtenden Augen ging sie durch die Straßen.

Bepackt mit Tüten voller Obst brachen wir am nächsten Morgen vom Busstand aus auf. Unser Fahrer schien guter Dinge zu sein. Es ging hoch in die Berge, vorbei an Ganganani, einem Ort, an dem man in heißen Quellen baden konnte – Männer und Frauen natürlich getrennt. Es ging weiter, die Schlucht unter uns immer tiefer. Die riesigen Felsen, von den grünen Wogen des Gebirgsflusses umtost, waren über die Jahrtausende hinweg glattgeschliffen worden. Manche wiesen auch merkwürdige Höhlenformationen auf. Die Steilwände über uns waren an manchen Stellen fast senkrecht. Wir erreichten eine Art Plateau, auf dem bergeweise Äpfel aus Himachal Pradesh verkauft wurden, zwei Rupies das Kilo. Wir deckten uns für die Weiterfahrt ein und verbrachten den Rest der Fahrt apfelessend.

Am Abend Ankunft in Gangotri, einem kleinen kühlgrauen Ort, umgeben von steil aufragenden Felswänden, durchbrochen von der reißenden, frisch geborenen Ganga. Die Menschen hatten sich in Decken und Schals gehüllt, die Wollmützen tief ins wettergegerbte Gesicht gezogen. Es war kalt hier oben. Überall dampfte es aus den *Chaishops*. Die Luft war erfüllt vom Kerosingeruch der Lampen, den Decken und Kleidung angenommen hatten. In den Läden am Wegrand war alles zu haben, was das Pilgerherz begehrte: Gebetsketten,

Messing- und Räucherwaren, von einem Hauch des Ätherischen umgebene Götterbildchen, Fotopostkarten mit eindrucksvollen Himalayalandschaften. Gangotri war Ausgangspunkt für zahlreiche Trekkingtouren, was wir auch gleich zu spüren bekamen: *„Guide, you want guide?"*, *„Gaumukh, Tapovan?"* Wir winkten dankend ab, hatten wir doch erfahren, dass man für den Weg nach Gaumukh nicht unbedingt einen Guide brauchte. Alle schienen auf Kundschaft zu warten, tranken *Chai*, palaverten, tranken noch einen *Chai*...

Wir blieben in einem Ashram, in den uns Gangaram führte, dem *Hare-Krishna-Ashram* – im Nachhinein betrachtet nicht die beste Entscheidung: Die Zimmer waren dunkle Eisgrotten, und in unserem Fall blieb zwischen zwei schmalen Pritschen nicht mehr Platz als vierzig Zentimeter. Oberhalb unserer Herberge befand sich ein zweiter Ashram, in dem kostenlose Speisungen für Sadhus angeboten wurden. Eigentlich wollte man hier mit westlichen Travellern aufgrund schlechter Erfahrungen nichts zu tun haben. Umas Gestalt sowie ihre freundliche Offenheit weckten jedoch gleich Aufsehen und erbrachten uns eine nette Einladung zum Essen. Der dortige Leiter lud Uma auch zum Singen am Abend ein. Ich sei auch herzlich eingeladen, versicherte er mir.

Im Laufe des Tages entschloss sich Uma, doch nicht mit hoch nach Gaumukh zu kommen. Der Weg dorthin sei einfach zu beschwerlich. Am Abend traf ich Jaap und Ami wieder. Sie saßen in dem größten, am längsten geöffneten „Restaurant" des Ortes unter funkelnden Sternenhimmel und unterhielten sich mit einem Israeli und einem Engländer. Es stellte sich heraus, dass sie am anderen Morgen nach Gaumukh aufbrechen wollten. Ich fragte, ob ich mich ihnen anschließen könne, was sie freudig bejahten. Wir verabredeten uns für sechs Uhr morgens an der einzigen Brücke über die Ganga und verabschiedeten uns. Ich ging hoch in mein Zimmer und packte meine Sachen. Das tat ich so schnell es ging, da Uma und der Swami bereits mit dem Singen angefangen haben mussten, und eilte sogleich hoch in den Ashram.

Chandra-Raga

Dort fragte ich einen Sadhu nach *Mataji*. Er sagte, sie sei nicht da. *"Bhajan Kirtan, Bhajan Kirtan"*, versuchte ich es. Da zeigte er eine Treppe hinauf. *"Upstairs, upstairs."* Die Stufen emporhastend, hörte ich schon auf der Treppe eine glockenklare Stimme melancholische Melodien singen. Sie hörte sich so übernatürlich schön an, dass ich mir sicher war, es müsse sich um eine besondere CD-Aufnahme handeln, die hier auf einem CD-Player bester Qualität abgespielt wurde.

In der Tür blieb ich wie angewurzelt stehen. In dem matt beleuchteten Raum saßen einige Ashramiten und schauten alle auf ein Podest, auf dem – ich wollte meinen Augen nicht trauen – Uma saß und sang. Die Beine im Lotossitz verschränkt, hatte sie eine ruhende Haltung gefunden. Entspannt lagen ihre Hände in ihrem Schoß. Nur ihr Mund bewegte sich, ihre Augen blickten in eine andere Welt. Ohne die *Sanskrit*-Worte des *Ragas* zu verstehen, wurde ich ein Stück weit mit in diese Welt genommen, wenn auch nur in die Randbereiche. Doch dies reichte aus, einen Ausdruck des Erstaunens und der Seligkeit in meinem Gesicht wachzurufen. Ein Pärchen aus Delhi, mit dem wir am Morgen gesprochen hatten, saß da mit offenem Mund. Der Swami spielte auf einem kleinen Harmonium, blickte jedoch wie alle auf Uma. Ihm waren Bewunderung und Anerkennung aus dem Gesicht abzulesen. Als er beim vierten Lied selber ansetzte, staunte ich nicht schlecht: Seine tiefe Stimme war ebenfalls außergewöhnlich melodiös und klar.

Plötzlich begann Uma, das *Chandra-Raga* zu singen, jenes Mond-Raga, das sie mir in einer hellen Nacht auf dem Dach der Einsiedelei vorgesungen hatte und das ich am meisten liebte. Ohne dass ich etwas dagegen tun konnte, schossen mir die Tränen in die Augen. Es war der letzte Abend mit Uma, das stand auf einmal in schmerzhafter Gewissheit vor mir. Als der letzte Ton des Liedes verklungen war, lächelte sie mich an, ein wenig hilflos angesichts meiner starken Emotionen. Ich spürte ihr gegenüber eine unendliche Dankbarkeit und legte meine Hände aufs Herz, um das auszudrücken.

Kurz darauf fand ich mich draußen wieder. Der Schein des Vollmondes warf phantastische Licht-Schatten-Spiele an die zerklüftete Felswand des gegenüberliegenden Berges. Von weitem drang Umas Stimme zu mir herüber, die sich mit dem Swami unterhielt. Es war ein Augenblick unbeschreiblicher Klarheit. Mit einem Mal hatte ich das Gefühl, eine sehr alte Seele zu haben. Weit unten rauschte die Ganga, der Ort lag im Mondschein da. Silbern schimmerten die Schieferdächer des Tempels von Gangotri, in dessen Inneren jemand gleichmäßig die Glocke schlug. Es kam mir vor wie das Schlagen einer Uhr, gleichzeitig brachte dieser Augenblick jedoch auch so stark den Hauch der Ewigkeit mit sich, dass es mich bis in die Zehenspitzen durchfuhr. Was für seltsame und unglaubliche Dinge hatten sich in letzter Zeit getan, um mich herum und in mir – erst die Begegnung mit Yamuna und die Erlebnisse in Rishikesh, dann die Begegnung mit Uma, nun die Tatsache, hier oben in dieser gewaltigen Berglandschaft zu sein, ganz in der Nähe der Gangaquelle –, vor allem jedoch: meine völlig veränderte Wahrnehmung! Ich hatte das Gefühl, plötzlich seltsam offen und durchlässig zu sein, fühlte mich energetisch stark aufgeladen – ein wohliges Gefühl, floss die Energie doch gleichmäßig durch meinen Körper. Ich brachte den Menschen um mich herum ein großes Gefühl der Liebe entgegen, auch jenen, die ich nicht kannte. Innerlich war ich frei, vollkommen frei.

Am anderen Morgen standen Gangaram, Uma und ich um fünf Uhr auf und verbrachten die letzte Stunde gemeinsam. Dann wurde es allmählich Zeit aufzubrechen. Da standen Uma und ich lange voreinander, die Hände ehrerbietig und dankend vor der Brust zusammengelegt und lächelten uns warm an. Zunächst bedankte ich mich, dann bedankte Uma sich bei mir von Herzen. Es sei schön gewesen, dass ich da gewesen sei – ganz wunderbar. Mir fiel der Abschied sehr schwer. Ich nahm Uma lange und fest in den Arm. Sie war mir zu einem wertvollen Menschen geworden. Ich gab auch Gangaram die Hand, dankte ihm von Herzen, dann zog ich los.

Überall hielten verschlafen aussehende Menschen ihre kalten Hände über das Feuer. Dampfende Teekessel im hellen Licht der aufgehenden Sonne. Der kleine Sohn des Restaurantbesitzers kam mir schon entgegen: *„Chai, madam, porridge? Here best porridge! Please come!"* Ich lachte über den Unternehmergeist des Kleinen und ließ mich auf einen Plastikstuhl fallen. Augenblicklich schoss ich wieder hoch: Was für eine Kälte! Ich versuchte es mit einem Kashmir-Schal-Polster zwischen Stuhl und Hintern. So war es erträglich. *„You want chai, coffee?"*, fragte mich der Kleine. *„Coffee, please. Today coffee"*, erwiderte ich und lächelte ihn an. Die anderen waren noch nicht da. Ich genoss es, noch einige Minuten still dazusitzen, überlegte, was ich am besten als Proviant mitnehmen sollte. Ich wollte nicht allzu viel mitschleppen. Bananen? Kekse? Noch während ich überlegte, tauchten Amir, der Israeli, auf, kurz darauf die drei anderen. Wir lachten uns an voller Vorfreude auf den Aufstieg. Scheinbar hatten wir beim Frühstück alle denselben Gedanken: Möglichst viele Kalorien zu uns zu nehmen, um uns unnötiges Gewicht im Rucksack zu ersparen.

An der Quelle

„Wer dies Wasser und seine Geheimnisse verstünde, so schien ihm, der würde auch viel anderes verstehen, viele Geheimnisse, alle Geheimnisse. Von den Geheimnissen des Flusses sah er aber heute nur eines, das ergriff seine Seele. Er sah: dies Wasser lief und lief, immerzu lief es, und war doch immer da, war immer und allezeit dasselbe und doch jeden Augenblick neu! O wer dies fasste, dies verstünde!"
Hermann Hesse: „Siddhartha"

Bis der indische Großmogul Akbar sich vor Jahrhunderten auf den Weg machte, um dem Ursprung des Flusses nachzugehen, glaubte man, Ganga steige direkt aus himmlischen Gefilden hinab. Die Expedition, die Akbar losgeschickt hatte, beschrieb bei ihrer Rückkehr jedoch einen Berg in Form eines Kuhmauls, aus dem ein Wildbach entspringe. So bekam jener Gletscher seinen Namen: *gomukh*, Kuhmaul. Diese Quelle, achtzig Kilometer von der chinesischen Grenze entfernt, war das Ziel zahlreicher Pilger. Dort oben, in einer Fels- und Eiswüste, entledigten sie sich durch ein Bad in dem jungen Fluss all ihrer Sünden. Viele von ihnen waren auf einer Pilgerrundreise, die von dieser Quelle bis zum Golf von Bengalen und zurück führt. Sie konnte sechs Jahre dauern – sechs Jahre, um dem Kreislauf der Wiedergeburt zu entrinnen und in die Ewigkeit – *Nirvana* – einzugehen. Einige Sadhus pendelten zwischen *gomukh* und Ramesvaram, einem Pilgerheiligtum im Süden. Dort opferten sie Shiva einige Tropfen des Gletscherwassers, das sie vom Himalaya bis dorthin gebracht haben. Mit einer Hand voll Sand aus der Nähe des Pilgerheiligtums machten sie sich auf den Rückweg. Sie würden ihn in den Himalaya tragen und somit einen heiligen Zyklus beschließen – manche, um von neuem aufzubrechen.

Für den Aufstieg zur Quelle benötigen wir zwei Tage. Steil führt ein schmaler Pfad das Gangatal aufwärts. Zunächst begleitet uns noch die Vegetation – Birken und Sträucher in allen Farben des Herbstes – dann geht die Landschaft allmählich über in eine karge Einöde. Von der Kälte des Winters und der Nacht zersprungene Gesteinsbrocken erschweren das Vorwärtskommen, die Luft wird immer dünner. Wir übernachten in einer Art Basislager, um Kraft für die letzten vier Kilometer zu schöpfen. Am frühen Morgen Aufbruch zur Quelle, wir sind in Hochstimmung. Am Wegrand immer wieder kleine Altäre, bunte Wimpel, die im Wind wehen, einige Zelte, in denen seit Jahren Eremiten wohnen.

Dann endlich der Gletscher: kalt das Blau des mächtigen Eises. Unter ihm bricht grün und sprudelnd der Fluss hervor, um seinen langen Weg nach Ostindien anzutreten. Ich stehe da, starre in die maulartige Einbuchtung der Gletscherzunge und vergesse alles um mich herum. Weit vorwärts habe ich mich gewagt. Ein Stück entfernt von mir taucht ein großer Stein aus den kristallklaren Fluten auf. Über kleinere Gesteinsbrocken gelange ich hinüber, lasse mich langsam nieder. Bis auf das leise Gurgeln der Ganga und das zeitweilige Krachen des Eises ist es vollkommen still.

Es ist eine so besondere Atmosphäre, dass ich das Bedürfnis habe, den Augenblick vollkommen in mich aufzusaugen. Ich habe das Gefühl, jede Bewegung störe die Ruhe der Berge, und lege mich langsam zurück. Über mir ragt das Eis auf – darüber der azurblaue Himmel. Von Zeit zu Zeit lösen sich einige Stücke, stürzen die steile Wand hinunter, Schmelzwasserrinnsale glitzern in der Sonne. Die Luft ist von einer solchen Klarheit, wie ich sie bisher nirgends erlebt hatte.

Neben mir erheben sich die Sechstausender, scheinbar alterslos, ewig. Sie scheinen zu lächeln. Und plötzlich begreife ich Umas Satz: „ Die Wälder, die Berge, die Flüsse, die Tiere – alle sind glücklich." Es wird nun keinen anderen Weg mehr geben als diesen. Während ich so dasitze und diese gigantische, klare Landschaft auf mich wirken lasse, überkommt mich eine Ruhe, wie ich sie noch nie empfunden habe. Ich stehe auf und fühle mich ganz leicht, fast schwerelos.

Und lächle zurück.

Frauen-leben

Ama Adhe
Doch mein Herz lebt in Tibet
Die bewegende Geschichte einer tapferen Frau
Vorwort des XIV. Dalai Lama
Band 4854
„...ich bin glücklich, dass sie überlebt hat, um diese Geschichte zu erzählen" (Dalai Lama).

Teresa von Avila
„Ich bin ein Weib - und obendrein kein gutes"
Eine große Frau, eine faszinierende Mystikerin
Band 4904
Teresa von Avila: eine vitale, starke Frau mit allen Ecken und Kanten, voller Selbstbewußtsein und Kampfgeist. Ein faszinierendes Porträt.

Ruth Pfau
Verrückter kann man gar nicht leben
Ärztin, Nonne, Powerfrau
Band 4913
Illegal im Afghanistan-Krieg. Zupackend im Elend der Städte.
Als christliche Ordensfrau im Rang einer Staatssekretärin eines muslimischen Landes.

Annemarie Schimmel
Auf den Spuren der Muslime
Mein Leben zwischen den Kulturen
Band 5272
Die Friedenspreisträgerin des Deutschen Buchhandels erzählt aus einem faszinierenden Leben.

Stefanie Schröder
**Ein starkes verwundetes Herz –
Niki de Saint-Phalle**
Ein Künstlerleben
Band 5315
Die Schöpferin der „Nanas" – eine erstaunliche Frau, die trotz aller Verwundungen immer wieder Stärke zeigte.

HERDER spektrum